江苏省版权局著作权合同登记：图字10-2011-698号

脸书杀死我

FACEBOOK M'A TUER

[法]亚历山德拉·德·伊斯纳 Alexandre Des lsnards
托马斯·祖伯 Thomas Zuber /著
朱怡 /译

江苏人民出版社

图书在版编目（CIP）数据

脸书杀死我 /（法）伊斯纳，祖伯著；朱怡译．-- 南京 ：江苏人民出版社，2011.12
ISBN 978-7-214-07771-4

Ⅰ．①脸．Ⅱ．①伊．②祖．③朱．Ⅲ．①随笔－作品集－法国－现代 Ⅳ．①I565.65

中国版本图书馆CIP数据核字（2011）第261994号

书　　名	脸书杀死我
著　　者	[法]亚历山德拉·德·伊斯纳　托马斯·祖伯
责任编辑	王　田　刘　艳
装帧设计	红猫工作室
出版发行	凤凰出版传媒集团 凤凰出版传媒股份有限公司 江苏人民出版社
集团地址	南京市湖南路1号A楼，邮编：210009
集团网址	http：//www.ppm.cn
出版社地址	南京市湖南路1号A楼，邮编：210009
出版社网址	http：//www.book-wind.com http：//jsrmcbs.tmall.com
经　　销	凤凰出版传媒股份有限公司
照　　排	上海本周图书有限公司
印　　刷	启东市人民印刷厂
开　　本	718毫米×1000毫米　1/16
印　　张	18.25
字　　数	168千字
版　　次	2012年3月第1版　2012年3月第1次印刷
标准书号	ISBN 978-7-214-07771-4
定　　价	32.80元

（江苏人民出版社图书凡印装错误可向承印厂调换）

仅以此书致艾米丽
亚历山德拉

此书献给我的女儿罗曼尼
我的外父（或继父）查尔斯
托马斯

目录

CONTENT

第二天一早，8点30分。马修全副武装，穿上运动衫，打算去昨天那个收得到信号的山峰，那个有三头奶牛的地方。

太阳还没有完全升起。只跑了十几分钟，马修已经挥汗如雨。他跟随着黄色的标记，一直走到有奶牛牛栏的地方。事实上，在这些奶牛旁边，信号还不错。信号有三格而且还有一点微弱的3G信号。

……

“你在西班牙的安达卢西亚的假期如何？照片呢？”

“我没拍照片。”

“啊……那这样你这假期过得还好吗？”

凯伦从来不为男人烦恼。她将男人视为超市里的商品，当她需要时就消费他们，不需要时就重新放回货架。说她是花痴？倒也不是。享乐、及时、高效，典型的现代女性。而且确定的一点是：在两人关系中，她才是游戏的主宰。

猎男网是一个超市类型的约会网站。超市货架上的商品就是男人，而那些女人就是购物的顾客。这很有意思，但是这种有意思背后是所有这些约会网站赤裸裸的宗旨：速食爱情。

序言
PREFACE

在我们的前一本书《开放空间杀了我》中，我们的亲朋好友以及陌生人给我们讲述了他们的办公室故事。当开放空间的门重新关上后故事仍然在继续着，但是当我们请他们多讲点时，往往迎来当头一盆冷水："啊，我可不打算把它告诉你，这是隐私！"有多隐私呢？隐私到我们可以在他们的脸书主页上重新找到这些故事……

我们浏览了上百个脸书用户的个人资料，收集并查看了亲朋好友的网上聊天记录、邮件、状态签名、手机短信、推特（Twitter，国外的一个社交网络及微博客服务的网站）等，当然也少不了我们自己的。通过掌握的这些"私人"信息，我们重新找到了这些人。这下他们全都愿意开口了。

脸书的创始人马克·扎克伯格说的挺在理："社会准则正在发生变化。"脸书以及谷歌、推特、MSN已经进入了我们的日常对话和生活。尽管看不到也意识不到，但是仅仅和五年前相比，我们处理人际关系的方式已经大相径庭。如今每个人都成为了一个小小的利润中心（profit center，管理学概念，指拥有产品或劳务的生产经营决策权，是既对成本负责又对收入和利润负责的责任中心）。这个朋友让我失望了？没关系，我的脸书资料上还有其他250个朋友。我不再喜欢这个男孩子或女孩子了？没关系，我的蜜糖网（Meetic，欧洲最大的在线交友网站）账户上还有20个候选人。我已经答应去赴一个朋友的晚餐，但是实际上我另有安排？没关系，我可以在“最后一分钟”发短信临时取消。

在这本书中我们不打算对脸书带来的大变革进行探讨。所以在后面的页面中不会出现类似于自杀或者开除这样惨烈的故事，而是讲述了这个网站如何悄无声息地渗透到了我们的日常生活，并且深深地改变了我们的行为方式。

不久之前，约会和见面还都是通过电话预约的。如今用即时通讯工具、手机短信或者邮件，我们可以随时向发送“亲吻”和“爱”，随时可以问“我们何时见面？？？”，但是真正见面却变得难于上青天。

以前，我们“直接”打电话邀请朋友来赴晚宴。现在我们不是用电子邮件群发邀请，就是在脸书上创建一个事件，而越来越多的朋友则会勾选“我可能参加”这一项。

以前，我们赴一个陌生人之约是为了了解这个人。如今，我们见面之前会先到“谷歌”上搜索对方，而见面只是个形式。

以前，孩子出生、情侣周末幽会或者洗礼晚餐都属于私事领域。如今，透明一代将这些活动的照片广而告之，因为这样做很有趣，因为没有什么好隐藏，因为所有的人都这样做。

这些事例不胜枚举，我们就此打住。脸书就像是显影剂和放大镜，它显示并且放大了我们“管理”亲情、友情和爱情的新方式。所以脸书已不仅仅是一个网站，它已经成为了一种生活方式。是你们的生活方式，也是我们的生活方式。

我们都是Y一代

(Y一代：美国人将1980年到1995年出生的人归为Y一代，他们是伴随着计算机和互联网络的发展而成长的一代。他们往往从自我的主张出发，把时间用在有意义、有用处的事情上面)

“对了！娜塔莎生了。”

“是啊！她的小宝宝太可爱了！”

“产假时你去看她了？”

“不是，我在脸书上看到了小宝宝的照片。在她的主页上都是小宝宝的照片。如果我没记错的话，我昨天晚上还跟让聊这件事情来着。”

“你们一起去吃晚餐了？”

“没，我们在MSN上聊的。一起聊的还有一个跟她调情的妞。”

“是上次那个吗，她那个金发的同事？”

“不是，这次这个是新认识的，她在交友网上加了他。”

“……”

欢迎来到Y一代的日常生活。作为和数字技术共同成长的一代，这些网民几乎一天24小时、一周7天都挂在网上；他们敢于尝试一切、接受一切，并且从中寻找乐趣。也正是这一代人创造了脸书这样的社交网络。起初，脸书只是用来开玩笑：“看哪，他用恐龙丹佛做了头像。”（恐龙丹佛——美国著名的卡通动画形象，这部动画片讲述了一群学生在玩自行车运动时，无意中发现了挖掘工地中的一颗蓝色的蛋，由于自行车不小心撞碎了蛋壳，从中孵化出一只蓝色的恐龙。从此，这只会跳舞、喜欢摇滚乐，还戴个太阳眼镜的恐龙成了大家的伙伴，并且发生了一系列妙趣横生的故事）“你是哪朵睡莲？”（脸书中的睡莲池游戏）“把那个兔子钻火圈的视频转发出去吧。”2007年，我们都是脸书网站上的新手用户。而且人数也不多，整个法国才10.7万人。今天，脸书在法国已经有超过2000万的注册用户，在全世界这个数字是6亿，并且正朝着10亿大关迈进。

如今我们还是在这个网站上寻开心，但是对象已经扩展到了家人、朋友和同事。现在，已经变成了一个人人在线的时代。我们70岁的老阿姨到哪都是iPhone不离手，甚至在浴室里也是，生怕错过她女儿打来的电话。13岁的法布里斯和贾斯汀一出校门就用MSN聊天。17岁的萨布琳娜和马可躲在枕头下互发情意绵绵的短信。55岁的娜塔莉在蜜糖网（490万法国人注册的在线交友网站）的网聊视频上见到了热哈尔。41岁的本杰明在脸书上遇到了他20岁时的恋人朱莉。在咖啡馆，老年夫妇互不说话，默默地喝茶并且摆弄他们的智能手机。

“滴！”、“滋！”、“叮！”、“铃！”：家人、朋友、同事、爱人，所有的关系都包含在这一声声的通讯声音中。另外你可以对照下自己，是不是一边正在看这本书，一边会去脸书上看朋友们最新更新的状态。或者“叮”——你是不是刚收到一条来自你的朋友莉亚的短信，跟你敲定明天早上的约会是不是不会变卦。或者你会上一下你的开心农场去摘一下成熟的草莓。又或者你会在脸书上简单地发一条信息说你正在看我们的这本书，并且你很“喜欢”这本书。

甚至尽管你对上面的这些事项都置之不理专心看书，但是你的一部分心思还是会被脸书上尚未回复的三份邀请函或者关于你儿时的朋友要来巴黎的群发邮件所吸引。所以我们对于你在如此的情况下还能将一部分的注意力分给我们这本书的事实，感到万分感激。因为即使是我们自己在写这本书的时候，也不得不为开着的脸书、MSN和蜜糖网的网页而分神。

如果我们试图将注意力集中呢？将手机设为震动模式、将MSN的状态设置为隐身，将短信提示音设置为静音。不接听陌生的来电。将我们蜜糖网上的网友拉入黑名单或者在脸书上将所有“添加好友”的请求都“偷偷地忽略”掉。

这样就可以控制了吗？不一定。我们的朋友可以随时在我们不知道的情况下追踪我们、给我们打上标签、发布我们的照片或者对我们进行地理定位。罗拉拍了一张你喝醉的照片，照片上你眼睛血红，嘴巴不自觉咧着，她将照片发布到脸书上，并且将你名字作为了标签。娜迪亚在某个酒吧遇见了你，她告诉你所有的联系人“你在这里”。你的同事维罗妮卡在蜜糖网上遇到了你，并且通过聊天器给你发了个眨眼的表情。对于这些情况，你是无法控制的，只能被动接收。

这些新的通讯方式并不是中性的。它们能使你上瘾，它们无孔不入，它们改变了人与人之间的关系。没有人逼我们购买这些产品，也没有人强制我们开机。但是这年头谁要是没有手机、电脑或者数码设备，谁就要被社会淘汰了。因为我们都是Y一代。

虚拟慰籍

娜黛婕是一个各方面都不错的年轻巴黎女孩。眼前没有伤感事。有点小烦恼，但不是大问题。在Hash&M公司有份好工作。父母住在风景秀丽的南方城市昂古莱姆，他们爱她如掌上明珠。每年一月份都可以度假晒太阳。

但是她知道，这些幸福其实是很脆弱的。特别是这几年她渴望被关怀和被爱的感觉越来越强烈。娜黛婕倒不是急着想找个男人稳定下来——她花了整整一年的时间才从上一段恋情的伤痛中走出来，她所需要的仅仅是一个可以倾听的耳朵，一个每天回家时可以聊聊天倾诉的人……目前她会经常打电话给她妈妈，向她倾诉，但是妈妈常常为此唠叨她。想想也正常。女儿35岁了，还没有结婚，也没有小孩子，似乎生活的重心都放在工作上。而且，每次跟妈妈打电话的时候，她也不会将所有的事情都告诉妈妈。

所以渐渐地，娜黛婕习惯于在脸书上讲述她的生活。

就像这个星期五早晨，尽管是个秋天阴湿的早晨，她还是高兴地在脸书上宣布她终于又可以穿高跟鞋了。因为相当长的一段时间内由于脚踝扭伤，她不能穿上10厘米的高跟鞋，将身高从1米65拔高到1米75。

娜黛婕·普鲁诺：今天是个大日子：手术后四个月，我终于又可以穿上高跟鞋了……鞋靓心情靓。大家都觉得我自讨苦吃。你们这样想也正常，但是我真的激动得想掉眼泪，真的，真的！

10月29日10：07　**喜欢　评论**

4个人喜欢这一条。

丹尼斯·齐耶萨：是啊，大家都觉得不可思议;-)话说什么时候出来打网球啊?

星期五　12：54　**喜欢**

娜黛婕·普鲁诺@丹尼斯：我很想你啊，我觉得下周三挺好（绝对不穿高跟鞋！）

星期五　16：08　**喜欢**

丹尼斯是和她一起打网球的同伴。那么另外四个点击了喜欢的人是谁呢？是四个愿意发表一下“我喜欢”这个意见的好心朋友。没有人会说“我不喜欢”。而且脸书上也没有“不喜欢”这个功能键。

很快到了下午，在Hash&M公司总部内一切都很平静。周末就快到了，娜黛婕的小办公室里只剩下了她一个人，她的实习助理萨尔玛周五有课没来。于是她在脸书上建立一个开放空间式的大办公室，并且挑起了话题。

娜黛婕·普鲁诺：马上就要干掉一盒M&Ms巧克力了，马上!!

10月29日　15：35　**喜欢　评论**

阿米娜·巴当喜欢这一条

阿米娜·巴当：别吃完啊给我留点!!!!不许吃完!!;-)

10月29日　15：56　**喜欢**

英格丽·曼托林：来我办公室，我给你留了一小包!

10月29日　15：57　**喜欢**

阿米娜·巴当：不要!!我就要娜黛婕的!!!

10月29日　16：01　**喜欢**

阿米娜·巴当：还有，别误会我，我不是手抽筋了才打那么多叹号的！绝对不是！！！！

10月29日　16：03　**喜欢**

英格丽·曼托林：其实我手头没有M&Ms巧克力……而且我也尽量克制自己不吃士力架！！！

10月29日　19：49　**喜欢**

阿米娜在拉德芳斯区上班，娜黛婕在第九区上班，而英格丽则在拉普拉纳圣德尼区上班。我们常说邻近办公室的人常常可以互相开玩笑减压。娜黛婕的两个超级好友阿米娜和英格丽由于上班地点距离非常近，常常用投影仪在墙上打幻灯片来交流私人笑话。

下班后娜黛婕直接回家了。她今晚要做的事情很多：她得整理一下她的公寓并且还得收拾好行李去赶明天早上回父母家的火车。

但是她回家后做的第一件事是先去脸书上转一圈，看看她的朋友们是否在线。晚上21点54分，英格丽上线了，阿米娜也在了。

阿米娜·巴当：我的好姐妹！！！！晚上好，我爱你，呵呵呵

1个小时前　**喜欢**　**评论**

英格丽·曼托林：真贴心！！！我也爱你，你知道的吧！？

20分钟前　**喜欢**

阿米娜·巴当：啊！呃……貌似我不知道！！！！哈哈哈哈

1个小时前　**喜欢**　**评论**

娜黛婕小心翼翼地插了进去：

娜黛婕·普鲁诺：别忘了我啊！！！我也需要**爱抚**！！！！！

8分钟前　**喜欢**

英格丽满足了她的愿望：

英格丽·曼托林：

让我摸摸你

摸摸摸摸摸

1分钟前　**喜欢**

英格丽的特点是喜欢把字叠着打出来。娜黛婕把“爱抚”两个字加了黑体表示强调。阿米娜喜欢用各种各样的形声词：“噢”表示同情，“哈？”表示尴尬，“呜呜”表示伤心，而“呸”则表示她觉得你不知所云。

娜黛婕、阿米娜和英格丽之间毫无保留地互发着各种表情以及各种“呵呵”、“哈哈”、“嘻嘻”。当她们觉得好笑时会用“呵呵”，如果笑得很大声就用“哈哈”，当开玩笑时就用“笑死个人”，但最重要的是大家相亲相爱。所以她们从不吝啬用“❤❤❤”来互表心迹。

娜黛婕打开了电视机，但是她有点困了。已经过了晚上11点了。她喝了点汤，吃了一小块奶酪，但是无意去睡觉，在没有感受到一点人情温暖之前她睡不着觉。

但是这个时候打电话给谁呢？这个时间阿米娜应该已经睡下了。英格丽已经电话转为录音。打给妈妈？还是不用了，明天回去就见到了。

于是她随性地在脸书上发了一条充满博爱的集体短信。

娜黛婕·普鲁诺：我爱你们所有人！！！！

10月29日　23：16　**评论　喜欢**

娜黛婕的口气好像一个刚刚获得了奥斯卡金像奖的电影明星。

塞巴斯蒂安和另外11个人喜欢这一条

阿米娜·巴当：我们也爱你，娜黛婕！

10月29日　23：17　**喜欢**

艾尔莎·萨特：亲爱的娜黛婕我们爱你:)

10月29日　23：22　**喜欢**

英格丽·曼托林：❤❤❤

10月29日　23：42　**喜欢**

塞巴斯蒂安·瓦盖：我也爱你，亲爱的

10月29日　00：02　**喜欢**

罗拉·杰吕：我们也是，我爱你，傻姑娘！！！

10月30日　08：03　**喜欢**

……

一声爱的呼唤，引来众人回应。

几个月前，网上疯传一段视频。在这个视频里，我们可以看到一个留着长头发的高个棕发男子行走在悉尼闹市街头，手里举着一块牌子，上面写着几个大字：*FREE HUGS*（免费拥抱）。

街上的行人都困惑地看着他。最后一位老妇人走过去和他拥抱。接下去人们纷纷效仿，场面甚是感人。甚至连警察都加入了队伍。这样的场景很有趣、很美、也很动人……

如今有了脸书，你不用到街上顶着荒唐质疑的眼光也能随时获得“free hugs”。多亏了脸书，我们收获了可以“互相喜欢”的朋友。

通过这些喜欢我们、抚慰我们以及用相同的遭遇鼓励我们的朋友，我们重塑“自我”。我们之间不互相牵制、不互相口诛笔伐，而是和平地“相亲相爱”。

自恋少年2.0版

就像蓝精灵中那个整天手里拿着镜子调整帽子上花朵的蓝精灵一样，希腊神话中的美少年纳西斯也是自恋的。他的镜子是一汪清澈的湖水，他整天在这湖水中欣赏自己美丽的倒影，直到有一天他爱上了自己的影子，并且因此落水而死，成为了一朵水仙花。这就是自恋少年。

自恋少年2.0版的那汪湖水是他人。爱我的人请成为我的粉丝！我们的日常生活、我们的形象、我们的幽默都必须经过我们朋友的认证。

拉提莎希望将自己置于大家的关注焦点下，所以即使是像星期六早上七点她在自己位于勒尚德大街的公寓中醒来这样的普通小事，她也要事无巨细地告知。她伸长了四肢，姿势如同一只海星。将iPhone拿到眼皮底下，她开始更新脸书上的状态：

拉提莎·拉贡博　只是上来发个帖子，告诉大家我天亮就起床了。以上……全部。

今日　7：02　**喜欢**　**评论**

在她的648位好友中，其中有一小部分已经起床了，并且已经在脸书上了。还在睡意朦胧中，克莱尔第一个回复了帖子：

克莱尔·里奇耶　你不是一个人！！！抱抱！！！

4月7日　7：25　**喜欢**

随后是大小姐克洛伊：

克洛伊·杜特伊　妞们，早上好！周末愉快（我六点就起来了）

4月7日　7：43　**喜欢**

最后埃里克结束了这个话题：

埃里克·拉图　哈哈，别忘了算上我一个……美好的星期六早上？干点什么吧！++

4月7日　8：04　**喜欢**

这些良好的反馈给了她出门去跑上一圈的力气。她很快地穿上了T恤、短裤和运动鞋，出了门。空腹跑步，最有利于消耗脂肪和保持体型。

她戴上了耳机，并且在iPhone音乐播放列表上挑选歌曲。蕾哈娜的歌：配合着跑步听不错。在开跑前，她在脸书状态上更新了一条：

拉提莎·拉贡博　在蒙索公园跑步。

今日　8：52　**喜欢**　**评论**

一圈、两圈，她将iPhone塞在后裤袋里，沿着花坛跑。但是她一开始就跑得太快了，到了第四圈时，她已经有点迈不动步子并且气喘吁吁。第五圈的时候，她停下来擦了擦汗，并且找了个长凳坐了5分钟。等缓过气来的时候，她连上了脸书，想去看看大家对她更新的最后一条状态有何反应。

让娜·拉塞尔　我佩服你的精神，亲爱的！

今日　9：52　**喜欢**

拉提莎有点失望。她预期的反响应该再热烈一些。她那帮懒汉朋友们应该又去睡回笼觉了。其他647个朋友在干什么？他们对此作何感想？他们喜欢这一条吗？他们认为早起跑步好吗？很多人读了这一条，但是却没有任何评论。

拉提莎从长凳上起身。该回家了，一个小时后她约了她朋友克洛伊和玛丽恩在玫瑰糕饼屋见面。那是她们吃早午饭的必选之所。回家后冲洗一下，在卫生间的镜子前精心梳妆打扮一番，就该出门了。从她家到糕饼屋所在的马提尔大街大概是28分钟的路程。等她到了那里的时候，糕饼屋门前的长队已经排到了街上。但是她没有被吓倒，她直接穿过了长长的走廊，走到了小小的正厅的里面。克洛伊和玛丽恩在那向她招手。她走过去和她们汇合，并且互相亲吻问安。

“外面人真是多啊！幸亏你们早到了！”

“今天是周六，还算好了。”克洛伊回答说，“要是周日，人更是不得了！”

“只能说这个地方真是太好了。”玛丽恩感慨了一下。

拉提莎对此完全同意，因此她迫不及待地通过脸书上的地点应用[1]将这个地点分享给了她的联系人们：

拉提莎·拉贡博 在玫瑰糕饼屋，Mmmmmmmmhhhhhhh!!!!!!!

一个小时前 **喜欢** **评论** **看看朋友们在哪里**

马上就有5个人回复了：

3个人喜欢这一条

阿丽亚娜·克莱平 这条真及时，我刚好饿了:)

【1】脸书上的地理定位服务，订制了这项应用的用户可以通过他们的智能手机发布该用户以及他们的朋友现在何处，并且可以查看附近有谁。

6分钟前　**喜欢**

克拉拉·罗谢　地方选得真不错。我很喜欢哪。就是有一点不好。我们那时等了一小个多小时才能点单。我希望你们的运气比我们好！亲吻你。

8分钟前　**喜欢**

西尔维娅·厄尔南黛　Hello，我的小可爱！吃那些带壳的鸡蛋时要当心，那里面的汁会溅出来的！

13分钟前　**喜欢**

拉提莎·拉贡博

@阿丽亚娜　哈哈，等你下次来巴黎带你去吃

@西尔维娅　谢谢，我的小可爱！我会把它们整个地吞下去！

@克拉拉　谢谢你的建议，我的表妹

7分钟前　**喜欢**

"嘿，姑娘们，看来得尝一尝这里的带壳鸡蛋。"拉提莎对还在研究菜单的克洛伊和玛丽恩说。

五分钟后，她们已经决定好了吃什么。但是点单的人迟迟不出现。拉提莎想起了克拉拉的评论，于是她直接去找侍应生。

40分钟后，侍应生端来了满满的食物：胡萝卜蛋糕、小松饼、香蕉煎饼、枫糖浆以及带壳鸡蛋。太好了。

玛丽恩已经饿到前胸贴后背了，看到食物就再也忍不住了，伸手去抓煎饼。

"等一下！等一下！"拉提莎制止了她，"在开动前得先给食物拍

张照，看上去太好看了！”

拉提莎拿出她的iPhone，将食物盘子的位置摆弄好，然后拍了她的两个好朋友在一起干杯的照片。

“我们还应该拍一张我们三个人的照片，不是吗？”拉提莎问道。

没等到回答，她已经迫不及待地起身，将头伸到了玛丽恩和克洛伊的中间，并且将右手伸出去拍照……由于右手不够长，照片拍糊了，必须找人帮们。拉提莎叫住了侍应生：

“麻烦你！能不能给我们拍一张照片？”

侍应生觉得很有意思，他接过了iPhone，并且调了调位置。“茄子！”拉提莎稍稍抬了下下巴并且把右臂搁在了克洛伊的肩上。咔嚓快门一闪！结果如何？“不错，不错……我看上去比玛丽恩好多了。”她边说边接回自己的iPhone。点击发送！照片上传到了脸书。

拉提莎回到家时已经有点精疲力尽了。她盘腿坐在小茶几前，打开了Macbook上的Deezer在线音乐，并且放了一首别人发给她的音乐……她很喜欢这段音乐，所以把这段音乐的试听链接放到了脸书上，并且加了评论：

拉提莎·拉贡博　24小时循环播放收听……大爱

曲名：The World at Large

表演者：Modest Mouse

7个人喜欢这一条

拉法尔·布朗迪　看来我不是一个人，哈哈。这首歌晚上听更好。

32分钟前　**喜欢**

拉提莎·拉贡博 我得向你承认，拉法尔，这歌的链接是我在你的主页上找到的……谢谢，我真的超喜欢！

22分钟前 **喜欢**

埃米里安·拉莫斯 啊哈

18分钟前 **喜欢**

拉法尔的评论说明了一切。他两周前就把这段音乐发布在自己的主页上，但是无人响应。就是这样，你有什么办法……拉法尔没有拉提莎有人气。这也主要归咎于他几乎不在脸书上发布什么东西，而且还用了史努比作为头像。

而拉提莎就不时地挂在主页上和人交流。她会定期更换头像，而且每次更换必定会引起不小的反响。

她现在的头像照片是十分优雅的。她身穿晚礼服站在她西装笔挺的男朋友本旁边，手里举着一杯香槟。两人看上去很相配。

拉法尔·布朗迪 郎才女貌啊！肯尼迪夫妇再世！

5月4日 21：56 **喜欢** **评论**

克洛伊·杜特伊 喔……我祝你们白头到老！！！！

5月4日 21：58 **喜欢** **评论**

拉提莎·拉贡博 谢谢！！！！！！！

5月4日 22点10 **喜欢** **评论**

但是这个照片已经挂了快两个礼拜了，是时候更新了。拉提莎说做就做。上个礼拜六她妈妈给她在格兰维勒的沙滩上拍了张照片。大海做背景、光线柔和、沙滩细腻。典型的美照。

但是美中不足。她晒出来的古铜色好像不怎么好看。要修改十分简单。点击放大照片，用修色软件把图片编辑一下。拉提莎将她的头部放大，调整了曝光值并且将眼角的小坑修去。

她对脸书照片的选择比在皱纹上打肉毒杆菌还严格。绝对的精挑细选。她所展示的都是别人想要看到的：一个全新的没有深度的“自我”，将所有的一切都通过照片来展示。

拉提莎将其修好的照片发布到网上，所有的联系人会马上收到这条更新的信息：

拉提莎·拉贡博　更换了头像照片。

一分钟前　**喜欢**　**评论**

她在海边拍的这张新的照片很快引起了她所期待的反响：

克洛伊·杜特伊　哦！你真漂亮！！！！！！

5月19日　16：23　**喜欢**　**评论**

居莲娜·努西亚　身材真棒啊！很漂亮。

5月19日　17：11　**喜欢**　**评论**

福泽娅·阿达尼　哦，我居然一下没认出来是你！！！！看来过得不错啊！照片真不错！

我刚从伦敦回来！得回去日内瓦工作了！宝贝，你真是太漂亮了！！！！我要狠狠地拥抱你！

5月19日　17：31　**喜欢**　**评论**

艾米丽·左维克　身材真火爆啊，拉提莎:)

5月19日　17：57　**喜欢**　**评论**

吕蒂文·拉贡博　你好，表妹，你知道你自己有多漂亮吗?！当然了，这是家族遗传，哈哈！亲吻你！！！！！！！！

5月19日　18：38　**喜欢　评论**

鲁道夫·特雷宁　哦……这图没有用Photoshop吧……

5月19日　18：51　**喜欢　评论**

索菲·帕那　简直美得像公主！！！！你的王子哪去了？

5月19日　17：00　**喜欢　评论**

对了。有的时候发美景照片可能会引起误会。她上一张头像照片是她和本的合照，现在改成她的独照。是不是他们之间的关系出现了什么问题。要知道谣言传得可是很快的。所以拉提莎得马上澄清。

拉提莎·拉贡博　谢谢大家的关注！

@鲁道夫　当然没有用Photoshop了，哈哈！

@索菲：哈哈！我家亲爱的回他老家去看他父母了，要去一礼拜。我很想他。

5月19日　18：59　**喜欢　评论**

另外为了让所有人都知道，她还将她男朋友写给她的情书发表在主页上，并且将其设为签名档：

拉提莎·拉贡博　很感动并且很幸运能拥有这样一个能写情书的爱人。抄了其中一段给大家看，因为当我们相爱时，我们恨不得大声向全世界宣布^^

5月19日　17：29　**喜欢　评论**

在这段话的下面，就是被引用的情书：

今日，下午3点（……）自从我们相遇后，我对你的热情和爱慕从未停止，与日俱增，我相信我们的爱不是昙花一现，事实上，你已经成为了我的小星球、我的太阳、照耀我的光芒，从灵魂深处温暖了我。

我爱你，我爱你超过一切。你是我的珍宝。

（……）

带着所有的真心，

你的罗密欧

有多少人读了这一封亲密的情书？我们不知道，但我们知道：

5个人喜欢这一条。

布鲁诺，她格子间的同事对此感动不已：

布鲁诺·瓦里亚 真美的情书，希望他会永远给你写。

7分钟前 **喜欢**

拉提莎当场就给了他确认：

拉提莎·拉贡博 是啊。我们见不到彼此的时候，他像这样的一天会给我写个四五条呢，还会不停地给我发短信打电话。嘿嘿，这就是爱情吧！

8分钟前 **喜欢**

为了防止下次再出现这样的流言，拉提莎开始准备她下一张头像照片了。她查看了她上个周末在多维尔拍的照片，从中找到了一张。拉提莎和本一起在沙滩上。太阳当头，沙滩上只有他们两个，海天一色。在前面的是拉提莎，她看着沙子，秀发随风飘扬，左肩上背着LV包包，带着D&G的太阳镜。

身后五米，本的双腿交叉着，一手插在紧身牛仔裤的裤袋中，左手调整着太阳镜的位置，凝神眺望地平线。健美的胸肌、方正有型的下巴，他也是美景的一部分。

一张漂亮的照片。

当拉提莎发布这张照片的时候，她大学时候的两个朋友马克和马提亚斯刚好在查看她的主页，并且发现了她的更新。

“啧！拉提莎又在炫耀她和她的本了。快过来看！”马克说。

“是啊，她真是吃饱了没事做！而且你看他男朋友扮成贝克汉姆陪她炫耀的傻样！”马提亚斯。

真是扫兴啊，但是没关系，他们只是线下说说，不会把评论发上去。她的“真朋友”则会表示“喜欢”并且吹捧一番：

安娜·莉兹　你们两人真是相亲相爱啊

10分钟前　**喜欢**　**评论**

索菲·那尔盖　照片真棒，不用多说

15分钟前　**喜欢**　**评论**

克洛伊则不动声色地恭维：

克洛伊·杜特伊　你要当心，贝克汉姆在你身后。

1小时前　**喜欢**　**评论**

拉提莎感到十分自豪，她回复道：

拉提莎·拉贡博　哦耶，那是我男人！

1小时前　**喜欢**　**评论**

娜塔莉最后一个回复：

娜塔莉·泽夫汗　小心狗仔队:）哈哈，你们看上去真棒。

2小时前　**喜欢**　**评论**

拉提莎会认真地查看每一个回复，并根据特点逐条处理。这是十分重要的：这样既可以使她的朋友们满意，又能鼓励他们多评论。娜塔莉、安娜、克洛伊……每个人都会不时地查看她们的评论有没有回应……你来我往，没完没了。

三个月后，法兰克看到了这张老的头像照片，并且觉得有必要对这张照片即兴评论一番。

法兰克·米耶　在沙滩上散步穿这个衣服太正式了。下次你可以试试穿运动服、球鞋和双肩包:-)　这样才是好姿态！

4月7日　17：43　**喜欢**　**评论**

马上，拉提莎就回复了他：

拉提莎·拉贡博　哈哈！那是气温2℃时去沙滩穿的衣服吧！！！

4月7日　19：36　**喜欢**　**评论**

而在她的更新记录里，这条评论就以下面的方式出现了：

拉提莎·拉贡博　**评论**了她自己的头像照片

1小时前　**喜欢**　**评论**

拉提莎注视着倒映在别人眼中的自己。这不就是自恋少年的2.0版吗?

“我们得见面！”

周末的时候还有什么比一帮好朋友聚在一起喝喝红酒嚼嚼绿橄榄，一起玩到酒吧关门更开心的呢。而且要做到这一点很简单。我们可以通过电子邮件、脸书、短信、MSN、电话等通讯工具随时联系到朋友并且召集聚会。至少理论上可以做到……

根据脸书登记的资料，碧翠丝32岁，是法国地产信贷银行的公司客户顾问，她“热爱”她的丈夫和她的儿子小雨果。她喜欢看美剧《豪斯医生》，崇拜奥巴马总统，喜欢喝可口可乐。她喜欢的名言是：“我决定要做个快乐的人，因为那对我的健康很有益。”

在她的脸书页面上，碧翠丝很热衷于和人打招呼。她和她的朋友们经常“网上聊天”，并且经常性地互相问答。碧翠丝向罗琳娜打招呼：“嗨，小妞，过来向你打个招呼，想知道你最近如何”；洛朗斯向碧翠丝打招呼：“哟，姐们！！！向你献个飞吻！！！”；碧翠丝对阿斯特里德说：“我们得见个面。”

那就见面呗！但是事实上，阿斯特里德和碧翠丝见面的次数越来越少，而她们之间发“我们得见个面”的次数却越来越多。她们说起来还是发小。彼此之间应该有很多事情可以说。

但是见个面不是那么容易的事。碧翠丝的工作总是很忙，而阿斯特里德也总是不在家：作为孔费努加公司的销售人员，她总是忙于出差并且有的时候连周末都要搭进去。而且她走得越多，在脸书上也讲得越多。所以她的主页是她的最终的停靠点，是她的温馨老家。

而碧翠丝则通过主页上的互动关注着她好友的迁徙：

阿斯特里德·布兰科　在诺曼底享受安静模式

1个小时前　**喜欢**　**评论**

20分钟后，碧翠丝在她的主页留言：

碧翠丝·努里　你在诺曼底干嘛？？？？？？我们得凑个时间见见面。亲吻你

22分钟前　**喜欢**　**评论**

碧翠丝和阿斯特里德两个人到底是该见个面呢，还是她们该互相之间说她们该见个面？碧翠丝经常约阿斯特里德见面，但是却从未定下过日期。

阿斯特里德也一样。

阿斯特里德·布兰科　我在这里度过一个短暂而又愉快的家庭聚会，然后会到巴黎待4天，到时候见，亲吻你。

7分钟前通过手机脸书发布　**喜欢**

在回图卢兹的路上，她想起了碧翠丝的提议。

阿斯特里德·布兰科　嗨，小姐，什么时候有空？

1月20日　10：45　**喜欢**

碧翠丝·努里　2月9日那一周，雨果要去爷爷奶奶家，我不用带他，你看可以吗？

亲吻你。

1月20日　18：45　**喜欢**

2月9号，那是三周后啊……真有意思，在我们“被脸书充塞”的生活中，我们对于未来几天的日子是无法安排的。这周的行程已排满，下周也是。碧翠丝可不是那种“没有朋友”也整天无所事事的人。

阿斯特里德·布兰科　我2月7号要去巴黎……然后要24号或者25号才回图卢兹……

1月21日　10：45　**喜欢**

她们只好再查看各自的行程。这样她们的见面就得推到……27号那一周。三周后，阿斯特里德和碧翠丝谁也没有再提出新的约会日期……

一个月后，两个朋友又见面了。

碧翠丝·努里　来向你打个招呼！

2月20日　**喜欢**　**评论**

阿斯特里德趁这个机会重新约碧翠丝。

阿斯特里德·布兰科　3月20号周末有空吗？我有10天要来回跑：图卢兹—诺曼底—巴黎—图卢兹—波尔多—图卢兹……为什么不可以把你家作为最后一站呢？我想我可以抽出时间来的，我们真的很久没见了！！！

你看如何？

2月20日　**喜欢**

碧翠丝·努里　好啊！！！但是你得先告诉我，我得跟阿尔诺讨论一下，我们三月份计划了不少事情，我日子定下来之后会尽快通知你！！！热烈地拥抱你！！！

2月20日　通过iPhone发表　**喜欢**

周末的时候碧翠丝没有向阿斯特里德确认有空的时间。她总是放前一次约会的鸽子，然后又充满热情地预约下一次。

当两人无法见面时，碧翠丝总是很热情，但当阿斯特里德可以抽出时间来配合她的行程时，她往往又退缩了，况且她的行程还是保密的。她总是很忙。

在忙什么呢？很简单。今天她在脸书上花了1小时22分钟的时间来管理她的朋友；花了15分钟来更新她的状态；花了56分钟在MSN上和莎拉以及香黛儿聊天；花了13个45秒发送手机短信；并且花了1小时07分来回复邮件。也就是说她在电脑前坐了3小时49分钟来和朋友交流[2]。由于她不能和所有人见面，所以她得花时间和他们道歉。

其实这不是有空或者没有空的问题。一星期之后，当她经过圣-罗马大街的时候，她和阿斯特里德的朋友斯蒂芬妮面对面地碰见了：

“嘿，碧翠丝！”

“你好，斯蒂芬妮……太意外了！”

“你最近如何？”

“我在这附近上班。你呢？”

“我在这边上舞蹈课。你有时间吗，我们去喝杯咖啡？”

“现在吗？通常我是很喜欢不期之遇的，但是今天恐怕不太方便。”

“你有我电话吗？”

【2】用iPhone的计时器所做的研究。

“我身边没纸笔，你有脸书账号吗？”

“有的。”

“对了，我不太记得你的姓了？”

“努里……你可以用碧翠丝·努里搜索到我。”

“好的，那我们到时候在脸书上约时间，我们真的得见见面！”

“我们得见面！”是啊。毫无疑问。但是是在脸书上见面！而且如果真的要在外面见面，最好是晚上十点的小酒馆、电影院，总之环境越昏暗越好。因为面对面聊天的气氛像受难。我们的亲昵都展示在网上聊天中，我们幸福的日常生活都晒在主页上，那么真正见面的时候还剩下什么可讲？只能白眼瞪白眼。因为如果是脸书上不能讲的，那么通常也不是什么说得出口的好事情。所以“我们得见面”这样的话只不过是叶公好龙。

我“可能”会来

“热爱选择”，这是黑莓手机的广告词。这是显而易见的。如今所有的人都不希望被牵制、被限定行程或者错过好计划。所有的人都希望有选择的机会……但是往往是最后一刻的选择。

下周三，你是想去你表兄家吃晚饭呢，还是和女朋友一起去看演唱会？这个周末，你是想去参加画展开幕式、在电视上看足球比赛、看话剧表演，还是想去看场电影？

为了让你不必做出痛苦的抉择，脸书发明了“我可能过来”。

桑德琳和她的合租室友打算为位于莫伯日大街的60平方米新居举办一个乔迁开伙仪式。她们共同将日子定在了4月9日周五。只剩下两个星期了，桑德琳还没有通知她的朋友。是时候通知了。

她用了两分钟时间在脸书上创建了一个事件。该事件如下：

事件：

新居乔迁开伙仪式，2个合租人

类型：

庆祝-生日

开始时间：

2010年4月9日　周五　20：30

结束时间：

2010年4月10日　周六　04：00

描述：

Hello，朋友们！！

我们将在莫伯日大街的新居举行乔迁开伙仪式，届时将是一场狂欢。

欢迎携伴参加，食物酒水放量供应！！！！

来吧！！！！

桑德琳

轻轻点击，桑德琳将这份邀请发给了她169个朋友。每个人都将收到一份邮件通知，该通知上有三个回复选项：

——确定参加

——可能参加

——不能参加

邀请发送后半小时，她刷新了她的脸书页面。在事件文件的左边一栏里，显示了等待答复的人数：169人。显然，这个时间不是所有的朋友都在线。但是肯定有一部分人是在线的，他们应该都已经收到了邀请。他们只是在犹豫。

二十分钟后，确定参加的人中只有桑德琳和她的室友。

确定参加（2人）	显示名单
可能参加（0人）	显示名单
等待回复（169人）	显示名单
不参加（0人）	显示名单

虽然请帖才刚刚发出去，但是桑德琳已经在想象到时候无人参加客厅空荡荡的场面。

确定参加（2人）　　显示名单

可能参加（13人）　显示名单

等待回复（120人）显示名单

不参加（36人）　　显示名单

注意，出现了第一批“可能”参加的人。这些没有打定主意的人的其中一个还留了评论。

若泽·伯纳提　真是好消息啊！我一定尽可能赶过来！拥抱你！

4月9日　12∶10　**喜欢**　**评论**

但是桑德琳的注意力被那些“不参加”的人吸引了，她想知道有哪些人，于是她点开了“不参加”的人旁边的“显示名单”的链接。这些人确实都有无法到场的充分理由。她的表姐罗莎和她的葡萄牙籍丈夫住在葡萄牙的卡斯卡什：虽然不能与你们一起庆祝，我的心与你同在！她的好朋友萝拉在西班牙：嗨，亲爱的桑德琳，我一直到29号周三之前都待在塞维利亚……你还是一直呆在巴黎吗？要是我们能见面就好了。亲吻你。还有帕斯卡，谁都看得出他对于能在纽约工作很自豪：谢谢邀请我，可是太远了……

如果这些是邮寄过来的卡牌，那么晚会的时候挂在墙上一定很不错，但是出现在留言板上却是很扫兴的。萝拉、罗莎还有帕斯卡明明可以私底下邮件回复的，还是却故意在留言板上留言让大家都看见。

目前这种情况，桑德琳别的事情都懒得做，她只是坐在椅子上，不停地按她的事件簿的刷新键。接下去的几天都是这样。她晚上刷新了好几次。第二天一早在地铁里、中午吃饭时，她都不停地刷新页面。只要她一有时间，她就用iPhone不停地刷新。这个已经成为了一种强迫症。

离晚会还有7天，已经有7个人确定回复“一定参加”。但是还是有很多人没有回复。特别是有45个被邀请的人回复“他们可能会来”。

确定参加（7人）　显示名单

可能参加（45人）　显示名单

等待回复（83人）　显示名单

不参加（36人）　显示名单

“决定参不参加有个晚会有那么麻烦吗！”她看着那些“可能来参加”的人所发来的语气轻松的信息，更觉得有些气不打一处来。

放轻松，桑德琳。跟政治一样，不要为那些优柔寡断的人头痛。

离晚会还有3天，桑德琳开始清点回复。但结果还是不怎么让人满意。

确定参加（10人）　显示名单

可能参加（49人）　显示名单

等待回复（68人）　显示名单

不参加（44人）　显示名单

她狠狠地合上了她的笔记本电脑。

在晚会的前一天，那些“可能来参加”的人数多了起来。

确定参加（20人）　显示名单

可能参加（69人）　显示名单

等待回复（34人）　显示名单

不参加（48人）　显示名单

桑德琳开始有些担心了。要是来的人太多了怎么办？她给她的好朋友杰西卡打了个电话，她刚刚回复“确定参加”。

“你能来真是太好了！但是我不确定到时候都有哪些人会来。而且还有好多人都还没有回复。”

“放松！现在都是这样的，要是换做巴黎人，连回复都不会给一个。”

“要不要我再挨个和他们确认一下？”

“你千万别那么做，会适得其反的！”

桑德琳也不能像现在这样抱着双臂什么都不做。至少她得为那些确定来的人做好充分的准备：克莱芒丝和凯西。风趣、单身并且有着好酒量。这两个朋友是公认的潮人，要是她们来了肯定会吸引不少的男生。

克莱芒丝还没有回复，凯西的回复是“可能回来”。她试图打个电话给克莱芒丝，但是无人接听。镇定，要保持镇定……她深深地吸了口气，然后给凯西打了个电话：

“你好，凯西！明晚你来我家吗？”

“呃……来的，当然会来的，亲爱的！”

“但是你脸书上怎么选了‘可能会来’？”

“我也不记得了……啊，我想起来了，我当时答应弗雷德去参加他的晚会。但是不用担心，我明天也会来你这的！”

“那你能在脸书上将回复改成你确定来吗？”

“好的！没问题。”

但是一个小时过去了，凯西没有修改脸书上的事件回复。总不能再跟她说一遍吧。桑德琳觉得她已经失去了对局面的控制，于是她决定在主页上再主动出击一回，争取能够再获得几个肯定的答复。

朋友们：

大家好！晚会已经一切就绪！但是还有一些人没有回复。请尽快回复，不然我就把你们从脸书的联系人中删除！！！！哈哈哈:)

开个玩笑！我只是想知道我该准备多少分量的小母鸡肉和野猪肉。

我已经为此很头痛了！请大家行动起来！

桑德琳

这份催告邮件的关键是口气必须尽量轻松，要将晚会作为一个吸引人的计划推出。绝对不能流露出丝毫不耐烦的语气，这样会把客人吓跑的。那些盎格鲁撒克逊人把这个称为“善意的提醒”。通常有延迟时，我们发送的第一条信息就该是这样的。先礼后兵，接下去的提醒信息就必须言辞激烈了。但是朋友间是不能这么做的，因为我们不能强迫朋友。

晚会当天早上六点，桑德琳最后一次点击她的事件簿。还是有那么多人回复“可能会来”。她打算今天晚上给大家做她拿手的羊肉塞蘑菇，大家都很喜欢她的这道菜。但是让她犯难的是，对于那些“可能会来”的人她该准备多少食材呢……

在去超市的路上，她一边回想那些还没决定是否来的人的名单，一边推断哪些人会来。在这些“可能会来的人”中，她估计最后大概会来40个人左右。她买了十来盒意大利奶油干酪以及几公斤的巴黎小蘑菇，从超市回来后她和室友就开始为晚上忙乎了。

最后的结果是让人放心的，尽管有那么多人只是“可能来”，但是桑德琳的朋友还是赴约了。杰西卡尽管选了“确定参加”，但是最后却没有出现；克莱芒丝和凯西倒是出现了，还带了很有意思的朋友。那些“可能参加”的人中最后有十来人都露面了，而且大家都待到很晚才走。尽管最后剩下的羊肉塞蘑菇比来的人数多了两倍多，但是“可能参加”造成的损失也仅止于此了。

但是要是某一天这种不符合社交礼节的新社交准则变成了惯例，那估计就有点难办了。想象一下，要是我们的朋友邀请我们去参加他（她）的婚礼，我们难道能说“恭喜恭喜！我可能来参加婚礼”？

紧急上瘾症

一群人像无头苍蝇一样在格子间内奔走，嘴里高声地叫嚷着，并且不停地在电话和电子邮件之间穿梭忙碌。这是集体歇斯底里症发作？不是的，这只是无止境广告公司一个平常的下午场景。在这个公司里，所有的都是紧急的，没有什么事是可以留过夜的。就像两个合伙老板中的其中一人佛朗索瓦说的那样，“这是一个残酷的行业”。

梅兰妮29岁的时候加入了无止境广告公司，职位是联合团队负责人。她已进入公司，老板佛朗索瓦就赋予她监督多个广告推广项目的重任。

从此之后呢？从此之后，她就没有停下来过。尤其是今天下午，所有的事情都撞到了一起：询问关于“蜜糖网，24小时免费”推广活动的最新进度、B2B网站【3】 Microfloft Dynamics的标签（Tag）【4】的问题、“雷诺第25度空间”推广活动而引起的lead【5】的下降……梅兰妮就像一个乒乓球选手，要独自面对30个对手同时发球。

“杰瑞米在哪？”她快步朝休息区走去，通常吉瑞米喜欢赖在那里。在路上，她碰到了佛朗索瓦：

“我一定得找到杰瑞米，问他关于Tag事。你有没有在哪里看到他？”

【3】BtoB或Bussiness to Bussiness的缩写：目标为专业公司用户。

【4】在广告栏里面出现的搜索标记，用于对网友的点击率计数。

【5】lead：市场营销的专业术语，指的是由潜在用户发出的关于购买某种商品的可能性。

“没有，但是你来的正好。雷诺要求我在明天的会议上介绍他们关于推广活动的绩效。你能不能发给我？”

“好的，老大，没问题。我会立刻找亚历克斯谈这个事情，他听到一定会很高兴的。”梅兰妮开玩笑道。

亚历克斯是广告公司的绩效分析员，是全公司唯一一个可以给出每个推广活动所产生的leads数量的人。梅兰妮跳过了杰瑞米，直接去找了亚历克斯。后者一看到她冒了出来，就立刻先挡驾：

“别过来！我人不在这！我已经走了！”

“不好意思，但是我们没有别的选择。我们现在需要关于雷诺广告的绩效。”

“好吧，星期五给你。”

“不行，我现在就要。我刚刚见了佛朗索瓦。他明天一早就需要。”

“哪里还有别的地方工作是像我们公司一样的！”

“听着，亚历克斯，如果你不乐意，你可以去找佛朗索瓦，但是我今天晚上一定要拿到绩效。”

语气，梅兰妮，请注意语气！

没有时间客套，也没有时间逐一解释。梅兰妮采用的是“无土化管理”，也就是说“无人情化管理”。亚历克斯原来晚上八点之前要去接孩子的，现在他只好求保姆再帮他多带一段时间。

梅兰妮自己已经去进行下一个任务了：给客户打电话，确保最后的交期。但是她黑莓手机上的一通来电打断了她正在进行的事。是阿尔本——她的男朋友打来的。

才19点15分！打来得太早了。她接起了电话：

“喂？”

“我打扰你吗？”

“没有，但是你快点说。”

“你今晚干吗？”

“但是……你没有看到我的邮件吗？我要去参加娜欧米的派对。好了，我得挂了。再见！”

梅兰妮还没等阿尔本回复就把电话挂了。他也没感到多吃惊。他老早就习惯了。

19点45分，下班前最后一件事情：发送明天要用的Microloft的商业建议。她马上给分公司Tradetirpler打电话。电话响了。他们应该还没走。有人接了电话。

“啊！太好了。大家好，这里是梅兰妮！我们上次说过用新的Call-to-action[6]来提升leads。这个已经实施了吗？”

“这个，还要等一段时间看看反馈再说。”分公司的其中一个销售人员说，他应该在后悔真不该接这个电话。

“不能等了，要马上拿出点东西了。客户又在催我了。你只要把现在的状况发给我就可以了，我今晚待会去看。”

20点。下班出了公司，梅兰妮还处在白天高度兴奋的状态，她一边给好姐妹欧西亚娜打电话，一边朝路易斯·米歇尔地铁站走去。

“你好，我亲爱的欧西亚娜！我打给你是想知道一下明天晚会的计划没变吧（……）太好了！我太开心了。我现在要去坐地铁。要是

【6】用于刺激网民购买、注册、下载的方法。

电话断了也没关系，反正我们明天就见面了。对了，你最近如何？”

在地下走廊的尽头，信号没了。梅兰妮打开了她黑莓手机内的日程安排，确认了跟欧西亚娜的约会。周六19点，与欧西亚娜。地铁圣保罗站。加上这个约会，她的周末日程已经塞得满满的了。就像前面两个周末一样。要是在工作日，你就别指望约到她，甚至连试都不用试。

从地铁出来到她家的这段路上（*4分钟的脚程*），她给欧西亚娜打了个电话：

“喂，刚才不好意思，还是我。我刚才忘了跟你说了。你明天能不能把维洛贝克最新的那本书给我带来啊。(……）再见(……）亲亲。”

等她一会到家，她就立刻打开客厅的窗子，拆开了收到的房租催款信，给房东开了张支票，然后打开了电脑。她登录了脸书，给刚生了孩子的姐妹阿里亚娜发去了祝福：

梅兰妮·希罗　太可爱了，让我亲亲亲亲一下，祝福你们一家三口。

今天　21：02　**喜欢**

与此同时，娜欧米在Gtalk上跟她打了个招呼。梅兰妮马上回复：嗨，你好吗？你的派对参加的人多吗?”5秒。10秒。娜欧米没有及时回复。梅兰妮就先下了：我先下线了……手头还有很多火烧眉毛的事情要做。再见。

首先要做的是什么？更新她的“计划事项清单”。“对了，我应该把我笔记本电脑上的工作同步到我的个人电脑上。”

在同步处理的过程中，梅兰妮查看了她的日程安排。“对了，我得跟薇欧蕾确认一下明天下午的事，她总是说OK，但最后总是忘了。”她一边高声自语一边在客厅踱圈圈。趁着去厨房的时间，她发了条短信：明天没问题吧？

晚餐食谱：煮花椰菜。“煮多长时间呢？”她把外包装盒朝各个方向转了转，找说明文字。最后设定15分钟。在这个15分钟里她可以熨烫一下衣服，顺便用免提模式给她妈妈打个电话。梅兰妮展开了烫衣板，把熨斗接上了电，然后一边熨衣服一边打电话。她周末22号需要用车，但是她妈妈一直在说另外一个话题。

“啊，你打来得正好。我打不开你邮件发给我的照片。你能不能告诉我怎么做？”

“好的，妈妈，让我看看……”

梅兰妮叹了口气，放下了熨斗，来到电脑前一步一步地指导他妈妈。

“啊，妈妈！我忘了，我现在进不了我的邮箱，因为我正在同步我工作邮箱和私人邮箱。”

“你说的是什么啊，我听不懂。”

梅兰妮试图教她妈妈怎么打开照片，但是在电话里实在讲不清楚。

“妈妈，你是不是做了别的操作？”

“没有，我向你保证！我点击了鼠标的右键，但是不行。等你能登录邮箱了，你再打给我吧？”

“妈妈，我不能保证，因为我手头的事情太多了。对了，你22号能不能把车借我一下？”

“呃……我看看……我后备箱有一箱衣服要放到艾马努斯洗衣店，还有我得去街上的古董店取一件家具。”

“好的，妈妈，知道了，那这些你能不能安排到22号之前呢？”

“我得安排与喜爱。你要知道，我也有我自己的生活。”

“我知道了。但是你要早点通知我，这样要是不行我可以另想办法。”

“再见……”

“好的。”

“叮”，花椰菜烧好了。梅兰妮坐在她的餐盘前。她刚准备开动……但是她的手机响了三次。是娜欧米来催她参加派对了。

“你已经到了吗？你可不要放我鸽子？:)我相信你的，嗯？亲亲亲”

哇哦，已经22点了！梅兰妮套上一条小黑裙。不好看。换掉，换个蓝色的小礼服。也不行。最后她决定穿一条红裙子。在镜子前，她给娜欧米发了条短信说她可能会迟点到，然后在睫毛上涂上了黑色的浓密效果睫毛膏。

22点30分，梅兰妮出发了，她其实原本应该这个时间到的。在地铁站的走道里，她毫无理由地跑着，其实此时丝毫没有列车进站的迹象。在查泰来车站的自动扶梯上，她不停地说着“借过”给自己开路。

在地铁座椅上，她给娜欧米发了个短信：你家的门禁密码没改吧？两分钟、三分钟。没有回复。唉，这些人怎么不把门禁密码发在群发邮件里呢……

五分钟后，梅兰妮给娜欧米打了个电话，后者以欢快的声音接听了电话：

“我的小可爱，你到哪了？”

“我快到了，你的门禁密码是什么？”

“73A22，我用短信发给你。”

“谢谢！要我给你带点什么东西吗？”

“不用麻烦了，这里一切齐全。”

到了意大利广场站，她从奥古斯特·博朗奇出口走出了地铁。在走台阶的时候，她看到阿尔本在BBM（黑莓聊天器）上。用一只手，她给他发了条信息：

在去参加娜欧米的派对前跟你打声招呼！亲吻你！

但是阿尔本没有及时回复。梅兰妮一边在五钻街上走着，一边不停地看一眼手机屏幕。一分钟后，她重新发了一条：你不在吗？是的，他不在。这个让梅兰妮很生气，但是算了，她已经来到了37号。

梅兰妮打开了娜欧米的短信，然后输入了密码73A22。她推开了铁门，一进门她就已经听到从院子那边传来的音乐声。B座3楼。娜欧米公寓的大门已经半开着。一个打扮成宫廷乐师须发不整的人接待了她，他模仿酒店管家的口气说："小姐，这边请。"梅兰妮谢过此人，然后来到房间，脱下大衣放下包。和娜欧米热烈地寒暄了一段之后，她在一个个小团体之间穿梭。她喝了几杯水果味的鸡尾酒暖场。然后随机跟着音乐扭了段小舞放松心情。最后来到靠窗的位置抽烟。

某个叫奥古斯都的人拿着杯香槟走近了她：

“请你喝一杯？”

“那我怎么好意思说不呢？”

“对了，你从事什么工作？”

“你先说你的，你做什么呢？”

奥古斯都开始就他环境保护项目主管的工作展开了长篇大论。

“我主要是做HOE项目的，以及它们未来的融资。”

“HOE是什么？”

“啊不好意思。HOE是指环境高质量。这是一种可持续发展的标签。”

“哦，很有意思啊！”她一边翻看她的手机，一边机械地应付。

接下来就变成了奥古斯都对于新环境标准重要性的独白了。梅兰妮早已经分神了。

“喂喂？！你在听吗？”奥古斯都问她。

“当然，我一直在听你讲。”

不一定。她的眼睛没有焦点地四处乱飘。特别是一边，一个男生正在讲他在表演风筝冲浪时遭遇的苦难，笑翻了一走廊的人。

梅兰妮赶紧加入了这群人，她插进了讨论：“是啊！你说得很对！我有个朋友也碰到过这样的事情。”但是还没等到回复，她又离开了这群人。因为接下来放的音乐很合她的口味。她在舞池中央跳舞，并且举起酒杯大喊“干杯！”，但是无人响应。几杯水果鸡尾酒下肚，她的头开始打转，于是她加入了在床边吸烟的好姐妹茱莉：

“我们在这边有点无聊，不是吗？要不我们走吧？”

“好啊，去哪里呢？”

“我们可以去法比扬家。我问一下娜塔莉，她已经在那边了。”

梅兰妮给娜塔莉发了个短信：

请报告你的位置，我的好姐妹。

对方马上回复：

这里真的很火爆！快来!!!!

梅兰妮和茱莉一起去拿她们的大衣。她们本想悄悄开溜，没想到在门口被娜欧米逮了个正着：

“你们这就走了吗？”

“不好意思，但是我们必须得走了。”梅兰妮回复说。

她抱了抱娜欧米，然后扶着她的肩膀说：

“哦，亲爱的，我太喜欢你了，我们尽快再约时间见面。”

外面很冷，而且星期六凌晨一点在巴特欧卡伊接附近，所有的出租车上都有客。

他们沿着噶柏林街一直走。到了蒙日广场附近，她们停了下来，因为茱莉穿着高跟鞋走路脚很痛。她们最后拦了一辆私家车，把她们带到了法比扬家，时间已经是快凌晨2点了。

到了现场，已经有点曲终人散的气氛了。一小撮人听着迷幻的电子音乐吞云吐雾，还有人一边抽大麻卷一边聊天。这些人中，梅拉尼经常碰见的大学同学马蒂尔德走过来和她打招呼：

“最近还好吗?”

“不错，挺好的！只是太忙了。”

“忙什么呢？”

“怎么说呢，很多事情……目前，我正在做广告推广。”

“啊！主要有哪些工作啊？”

“呃……这个解释起来估计得花不少时间。我下次再跟你详谈。现在我得回去了，因为我还要搭7点30分的飞机去图卢兹。”

6点30分，梅兰妮赶到戴高乐机场的2E航站楼的出发大厅，她站在一个不锈钢吧台旁喝完了手中的美之源果汁，然后发送邮件通知大家她去参加第19次关于Microloft的Call-to-action推广会议。

登机的时候，凭着手中的快速登机牌，她比别人先登上了飞机。坐在第一排舷窗旁的位置，她在娜欧米脸书的主页上写了条留言：

梅兰妮·布罗　谢谢你组织的派对，真的是太Cool了。亲吻你。

2分钟前通过黑莓手机发布　**喜欢**　**评论**

空乘走了过来，提醒她：

“您好，请您将手机关闭。”

“好的，好的，我已经把它转成飞行模式了。”

这次倒是可以确定了，在1小时内，在900km/h的飞行速度中，梅兰妮可以好好休息一下了。

大规模分神性武器

纪尧姆和罗伊克，两人都是37岁，他们是穿着开裆裤一起长大的好兄弟，他们之间的联络从来就没有断过。早在手机问世之前，他们通过传呼机约定时间，因此常常能见面。但是现在，他们要抽空约个时间却变得越来越难。有时即使已经约好了时间，也往往抵挡不住在最后时刻用短信取消约会的诱惑。

但是这次他们总算排出了时间，确认了，并且行动了：他们要在一起吃个中饭，而且就在今天。纪尧姆提前到了让·巴特咖啡馆，他点了杯啤酒边喝边等。这时他拿在手里的手机响了：是罗伊克。纪尧姆咕哝了几声接起了电话：

"你别告诉我你要放我鸽子啊？"

"不是，不是，我已经到了。"

"你在哪？"

"我刚进门。你呢，你在哪？"

"我在二楼，走到底靠右。"

"在哪呢？"

"等等，我站起来。你看见我了吗？"

"还没……啊！好了，我看到你了。"

罗伊克在二楼找到了老友，见面拥抱了一下，脱下衣服，并且把手机放在了桌子上，就像以前人们进了赌场把手枪放在赌桌上一样，正对着纪尧姆的手机。iPhone 3GS对黑莓Curve 8900：两个大规模分神性武器。

对决就此展开。

“你看上去精神很不错啊！”罗伊克笑着说道。

“还好……但是我最近正在为找房子的事头痛呢。我看了不少告示。但是价格都太贵了。”

“你是不是已经告诉现在的房东你要搬出去了？”

“是啊，这就是问题。一个月后我要睡大街了。”

“是啊，巴黎找房子不容易……还好我运气好，我叔叔给我提供了很好的住处……”

罗伊克的话被他的iPhone铃声打断了。他看了眼屏幕。是乔安娜打来的，是他在绘画课上认识的一个女孩子，他对她颇有好感。

“不好意思，这个电话我得接一下。别走开，我打完电话两分钟后回来。”罗伊克一边起身一边说。

电话总是“得”接的。通常接个电话也往往只要“两分钟”。……罗伊克找了个安静的角落打电话。纪尧姆只好摆弄起他的黑莓手机。

他先查看有没有什么短信：新的短消息！……是奈斯特索咖啡连锁店发来的：为了庆祝年末，巴黎店将在12月13日到20日期间继续营业。没有什么可以挑起激烈讨论打发时间的新鲜事……纪尧姆将手从黑莓键盘上移开，抬起头看邻桌的人在干什么。

在他的左边是个40多岁的褐发中年美妇，她一边摆弄着自己的iPhone一边左右顾盼，好像在等什么人。

在他的右边，是一对看上去像社会精英的中产夫妇。他们各自拿着一个iPhone翻看着触屏，互相之间几乎不说话。男方的手机先响了。1比0。

他接了起来：

“喂，奥利维耶？（……）好的，没有问题（……）我明天就把记要发给你！（……）Ok，OK。我回头再打给你。”

他挂了电话：

“是奥利维耶，我的顶头上司。”

“哦，是他啊。对了，你跟他说了你调休的事了吗？”

“还没呢，我的假期看来是望不到头了。”

“你得让他松口给你个答复，这样我们就可以去安达卢西亚度假了。”

女方的iPhone手机来了条短信。1比1平。她把手机拿到正中。用手指点开了短信，然后发出了一个心满意足的微笑。

“你的情人发的？”

“不是，你别瞎担心，只是一个同事发来的搞笑短信。”

“我倒是不想笑，我反而想看看你说的是不是真的。”

“好了！不要连玩笑都开不起……”

“让我看看这条短信，大家一起开心嘛。”

这时来电话铃声适时打断了争吵：男方的黑莓手机又响了。这次他起身找了地方去接电话。他的老婆正好趁此机会把这条有争议的短信删掉。

完全沉浸在了周围的场景中，纪尧姆甚至没有察觉到侍应生已经过来了，他被吓了一跳：

“小香肠是谁的?”

“我点的。”罗伊克刚好打完电话回来。

罗伊克把椅子往前挪了挪，并且给纪尧姆倒了杯红酒：

“好了，我现在归你了！”

“我们刚才讲到哪了？”

“关于找房子。另外，我六个月后房子也要到期了，如果你认为合适的话，我们可以和萨米拉一起合买一套房子。”

“但是就像我刚才说的，我目前必须在一个月内找到新的住所！”

“哦，那倒是。”

蓝色的灯光在闪，桌子开始震动。这次是纪尧姆的黑莓手机。

“是我妈打来的，我就跟她说一声我待会打给她。喂，妈妈？……是的……不行啊，我不能回去参加洗礼……不行的，我跟你说过的我这个周末要加班……OK……妈，我正在吃中饭呢，我挂了啊……保重。再见。”

他重新把手机放回了桌上。

“你妈最近身体还好吧？”罗伊克问。

“还不错，但是她一直要我回去参加我侄女的洗礼……管他呢，还是接着说说你的购房计划吧，这可真是件大事呢！你和萨米拉打算买在哪？”

“目前还没有想法……我们只是开始计划。你呢，你怎么不搬去和芭芭拉一起住呢？”

“目前是她不想。另外，我也对同居没有什么概念……”

罗伊克的电话又响了。他看了眼屏幕。

“不接！是我爸爸……哦糟糕，他给我留言了。”

罗伊克恪守着不接手机的礼貌。于是纪尧姆可以接着讲下去：

“她喜欢独立，这点我很欣赏。但是现在我一个人要付800欧元的房租，她也要付700欧元的房租。更不用说我们两个住在一起后，那些日常开支可以一起承担。”

“我记得你以前很浪漫的，怎么现在变得这么现实。”

“这跟浪漫无关！你不得不考虑这些事情。你看你，你不是都要和萨米拉一起买房子了吗。”

罗伊克眼神放空着。他在想他爸爸打来的那个电话。他爸已经快半个月没给他打电话了。这次打来是为什么呢？万一是很紧急的事情呢？罗伊克很想听听他爸到底留了什么言，但是他还是克制着。

“……你有没有在听我说啊！”纪尧姆有点生气了。

“我听着呢，听着！我只是觉得你们两个的想法都很现代，而且都很独立。”

罗伊克正打算说下去，他的电话又响了。他偷偷地瞟了一眼短信的发信人，是马可。

“真倒霉！是个很重要的短信。给我两秒钟。我给他发个短信告诉他晚上哪里见面。”

就在罗伊克发短信的时候，纪尧姆把他的黑莓手机放进了衣袋，他希望罗伊克也能效仿。但是当罗伊克发完短信之后，他把iPhone放到了餐盘旁，接着聊刚才被打断的话题。

接下来总算一路平静，一直到他们用完餐。纪尧姆的手机震动了好几次，但是由于放在衣袋里，所以没有感觉到。罗伊克的手机发出了两声收到短信的“叮”声。每次他都会去瞧一眼，但是没有再做什么。两个大规模分神性武器一直到了买单时刻才停火。两个好兄弟各自付了账单然后离开了咖啡馆。

他们在人行道上走了还不到两米，两个人的手机几乎同时响起。他们两人笑着互相看了对方一眼征求对方的允许，然后同时接起了电话。纪尧姆故意和罗伊克拉开了大约五步的距离，因为罗伊克讲电话的声音很大。到了罗姆地铁站，罗伊克向纪尧姆做了个手势，表示他要在这站搭乘地铁。

“别挂，稍等。”纪尧姆对通话人说。

他把电话从耳边拿开，并且走到了老友跟前。

“再见了，老朋友！下次见！”

罗伊克也一样，他抱了抱纪尧姆。

“再见……我们电话联系！”

人人皆“富歇”[7]

哦，天啊，真是重口味啊！这可是一辈子都记录在案了！”当我们不小心看到某个熟悉的朋友在脸书上的光屁股裸照时，通常会这样说。一张后庭照可以困扰您的后半生甚至您的后裔。有的时候我们的个人数据就像这些裸照。那么网络服务器会对您的光腚做什么？它会把它们保存下来。长时间地保存，长到难以置信。

独自在家的时候，尼古拉想起了她的前任。情不自禁、毫无来由。一些模糊的记忆画面从他脑中掠过，但是他不需要依靠这些模糊的记忆。他喜欢去“谷歌”她的消息。什么是“谷歌”某人呢？就是将某人的名字作为关键词，在谷歌中搜索这个人的资料。

如今人人都可以在谷歌上搜索他人。我们通过Google[8]来看人，而且是在被看的人不知情的情况下。这种方式是免费的、匿名的。我们Google自己看看自己是否有名。我们Google你，看看你是怎样的人，而且是在你不知情的情况下。阿加莎·利兹由不知道尼古拉在他们分手八年后Google了她。

尼古拉输入了前女友的名字，然后点击“Google”搜索。页面加载，以“阿加莎·利兹由”为关键词的链接有十来个：脸书网、校友

【7】约瑟夫·富歇（Joseph Fouche 1758—1820）法国大革命时期的重要人物，他在大革命时期、拿破仑政权时期以及波旁王朝复辟时期一直担任警务部长一职，制造了“精美绝伦”的警察机器，源源不断地收集情报，被拿破仑称为“全法国消息最灵通的人”，是当时众多历史事件的幕后推手。
【8】Google，这个单词来源于英语单词Goggles，意思是潜水镜。

网、职业社交网Linked'In、一个利兹由这个姓的族谱网站，还有其他一些乱七八糟的例如“牧羊犬”协会网站。一堆很好的调查对象。

在20世纪，如果想要得到关于阿加莎的信息，尼古拉应该在某本老电话本里找到阿加莎父母家的固定电话号码，然后拨打过去，而且必须祈祷他们没有搬家或者更改电话号码，电话接通后，应该说：

“你好，伯母。我是尼古拉，我不知道你对我还有没有印象？我是你女儿的朋友。”

“我当然记得你了，小尼古拉呀！你最近好吗？”通常她父母也会这样回复。

在21世纪，无需说话。只要轻轻一点鼠标，尼古拉就可以找他前女友，而且可以发现自从他们分手之后，她曾经在五个地方住过：阿比让、巴马科以及巴黎的三个不同的区。阿加莎是那种精力充沛的女人，她喜欢到处跑。她去的地方越多，我们越容易找到她。不管她是否愿意，她的数码分泌物（指的是她的上网痕迹）让她无处藏身。

尼古拉先从她脸书上的线索开始。他只是查看了一下她的账户资料：

关于我

基本信息

出生日期：1973年4月30日

性别：女

婚姻状况：已婚

寻找：朋友

目前所在的城市：巴黎

链接

Facebook.com/agthelisieux

幸运的是，阿加莎没有阻止陌生人查看她的头像照片。第一张照片她是站着的，尼古拉发现她还是那么美丽，只是有点发胖。随着接下去的照片，他对她的情况了解得越来越多：一个小男孩正在吹一个插着三根蜡烛的蛋糕，旁边看上去比他大的小女孩正嫉妒地看着他。虽然没有任何关于孩子爸爸的信息，但是仅仅点击了三次鼠标，他就已经知道他的前女友目前住在巴黎，已婚，而且是两个孩子的妈妈。

他又返回了谷歌的搜索结果页面，然后点开了Linked'in的链接：所有她的职业经历都按照年份详细地显示在屏幕上。她首先在位于巴黎第8区的香榭丽舍大道上的普华永道会计师事务所工作，然后作为微观经济顾问，她曾经去过科特迪瓦和马里工作。一周前，她的状态更新了：

阿加莎·利兹由

——37岁

——育有两个子女

——已婚

——在很多大公司工作了多年之后，她目前在普路通金融公司担任财务顾问。

计划：
——与孩子们和伴侣一起环游世界
——永不停止发现和自我开发。

职业社交网站描绘出了阿加莎的职业形象。这些资料都是她自己上传的，以确保别人能够看见。这是这个四处奔走的女人的虚拟港湾。她在脸书和Linked' In上十分活跃，这样她周围的人都能知道她的行踪和生活近况。每当她有变动的时候，Google的算法服务器就能第一时间捕捉到这些信息。

但是她也有一些数据是肯定不想让人知道的。例如七年前，她曾经加入过革命共产联盟LCR《反击宣言》的起草小组。"2002年的总统选举中她确实投票给了极左派的贝尚斯诺"，尼古拉自言自语地回忆。他将光标移到了另一个让他吃惊的链接：

铁腕女人：阿加莎·利兹由、让娜·波尔托尔斯基、帕梅拉·丰塔纳……

2003年　10月23日　《这样的男人是混蛋》

在这篇文章里，阿加莎抨击了那些在法庭上高喊男女平等，但在家却搞大男子主义的人。"但愿骂的不是我。"尼古拉自言自语。他觉得她有点"空论派"的作风。Google又展示了阿加莎曾经是个愤青。

不管我们愿意不愿意，我们都得拖着我们的数码马车前行。如果Google不够，123People网可以接力。它的搜索算法比大侦探波洛还要厉害。Myspace、地址、视频、图片、资料、电话号码、推特……它全部都可以搜到。

尼古拉资料已经搜索得差不多了。他现在就很想知道她的老公长什么样。为此，他必须让阿加莎在脸书上将他加为好友。分手八年了，这样的举动有点奇怪：要是他们愿意继续做朋友，他们老早就可以这样做了。

但是尼古拉的好胜心占了上风。他点开了阿加莎的账户，然后点击“加为好友”。一个名为“向阿加莎·利兹由发送加好友请求”的窗口跳了出来，信息的征文如下：

您的申请必须通过阿加莎·利兹由的审核。如果你私下不认识阿加莎，请不要发送这份邀请。

他私下当然认识阿加莎了。而且根据脸书的建议，他还写了一份私信连同邀请函一起发了出去：

你好，阿加莎！

你最近怎么样了？我那天在朋友拉菲埃尔的主页上看到了你的账户，很吃惊。我很想知道你最近过得如何。你一直在巴黎吗？你现在从事什么工作？

我在巴西生活了两年，现在重新回到巴黎生活，在十三区。我有了个儿子，叫卢卡，今年四岁。

此致！

尼古拉

尼古拉问她最近如何，但是实际上他对她的情况已经了如指掌……“申请加为好友”的邀请函发了出去；三天后，他收到了邮件通知。

阿加莎·利兹由同意将你加为她的好友。星期四　13点38分。

阿加莎·利兹由和尼古拉·维尼耶从今天开始是好友了。

他现在可以浏览她主页上所有的内容了，包括她的旅行相册：《泰国2005》、《古巴2006》、《马拉喀什2007》、《毛里求斯2008》。孩子们的照片、海景还有阿加莎穿着比基尼的照片，但是没有任何一点她丈夫的影子。这真可疑？他们离婚了？不可能，不然她不会在状态上写着“已婚”。

在名为《迁居仪式》的相册内，他注意到了一个个子不高，笑容可掬的男人。“对了！一定是他！”尼古拉自言自语。照片下面阿加莎朋友的留言证实了这一点。

克莱芒丝·达卡　你们两个看上去太配了！

11月27日　17：19　**喜欢　评论**

尼古拉将鼠标光标移到了那个男人的脸上，但是没有找到他的名字，因为他没有被添加标签。没有被添加标签[9]，他的信息就是无法找到的！他在脸书上没有任何信息。

第二天晚上，他的大学同学帕斯卡过来和他一起喝酒：

“最近有什么新鲜事吗，老兄？”

“没什么事。工作还是那么忙。对了，我又碰到阿加莎了，我的前女友，在脸书上。”

“是吗？就是那个让你吃了很多苦头的阿加莎！她现在怎样了？她结婚了吗？”

【9】添加标签：这个功能可以对脸书照片上的人物添加注释。

“是的，结婚了，而且有两个孩子。“

“她老公你认识吗？”

“我不认识，而且很奇怪的是，她只放了一张他们的照片。”

“让我看看。”

这两个老友坐在沙发上，电脑在尼古拉的膝盖上，他们一起看阿加莎的照片：

“哇哦，不错啊！她还是这么漂亮。”帕斯卡说。

尼古拉点开了那张有她老公的照片：

“就是他，他的老公，他有点不修边幅，你说呢？”

“我不认为。他长得蛮不错的。而且他们看上去感情很好。”

“你真是幼稚啊！一看就知道他们是故意秀恩爱的。”

“是你自己只喜欢看人家的不幸！不是所有的人的感情都像你一样苦逼的。”

这情景就像两个无聊的人躺在沙滩上，对别人的高矮胖瘦指手画脚。那些小绯闻、那些关闭的评论会引起我们的好奇心，使我们每个人都成为了网络看客。在谷歌上，即使你不上传任何东西，人们还是可以对你进行评价。他们可以因此说你是不合群的，是无趣的。

尼古拉很快约了阿加莎出来见面，阿加莎也毫不犹豫地答应了。

见面的那一天，他所掌握的阿加莎的信息不比富歇所掌握的政敌的信息少。这位前警务总长喜欢将所有人都变成一份份档案。尼古拉手里所掌握的档案，可以让他很好地把握会面的过程。

但阿加莎走进小酒吧的时候，他立即认出了她。

"我在这里！"

他起身并和她行了贴面礼：

"这边还好找吧？"

"是的，很好找。而且这一带我很熟，后面就是我上班的地方。"

尼古拉一点也都不感到吃惊，因为这就是他选择这个酒吧的原因。

"重新见到你我真是太高兴了！"尼古拉说。

"我也是！很长时间了……你一点都没有变！除了穿衣风格……DANDY风格[10]很适合你。有点社会精英的感觉，真的不错。"

"谢谢，你也是一点没变，我一眼就认出你了。"

他这个谎真是撒得太妙了。其实她比脸书照片上瘦了很多。

"对了，你现在工作是做什么的？"

"我在一家计算机公司做信息系统顾问。"

"哦！认识你这么长时间了，我都没有想到你会往那方面发展，我以为你会成为社会学专家什么的。"

"这是怎么回事，她在来之前没有Google我吗?或者这只是她故意装出来的？"尼古拉有些生气。对于Google别人，我们通常是不愿意承认的。但是我们喜欢别人Google我们。

尼古拉也问了她同样的问题：

"你呢，你在干什么工作？"

"我在普华永道会计师事务所……大集团……小机构……工作方向是……（此处略）。"

【10】 DANDY风格：指的是讲究打扮，服饰华丽的男人。

尼古拉假装听着。但是其实这些内容他老早就知道了。这时阿加莎的电话响了。

“啊，不好意思，是我老公打来的。”阿加莎起身到外面接电话。

五分钟后，她回来了，然后接着说：

“我们刚才讲到哪了？哦，对了！我在非洲工作的事。在阿比让待了两年之后，我必须和保罗回国了，因为我怀了茱莉。”

“你有个女儿？”

“是的，一个女儿，茱莉，五岁。还有一个儿子：提坦，三岁。”

阿加莎给他看了一些iPhone上的照片。

“哦！他们真的很可爱。他们的爸爸呢？”

“保罗？我几乎没有他的照片。他很反对脸书。有一次我把他的照片放上了脸书，他就一直烦我烦到把照片撤下来为止。然后，大家就以为我们分开了，其实我们感情很好。”

“他是从事什么工作的？”

“他是个画家。确切地说，是在建筑物上作画。同时，他也是个雕塑家。”

谜底解开了，见面也该结束了。尼古拉已经获得了所有他想要的信息，阿加莎也没有任何事情在他意料之外。

我们都成了翻看别人资料的情报局特工。这很容易：因为你在网上做的任何事情都会被保留下来。当然要好好利用！你要做的就是使用网络服务器。甚至你死了之后，Google和脸书还会保留着你的所有痕迹。脸书这样做是出于意识形态：正如祖克伯格宣扬的那样，“社会准则在发生变化”。而谷歌的理由就更让人吃惊了：是为了我们的健康。通过保存六个月以上的数据，谷歌预计这样做能够成功阻止下一个例如猪流感这样的大型瘟疫的传播。“事实上保留这样的个人数据是有很大价值的。这样的痕迹我们保留得越少，那么我们全人类全军覆没的危险就越大。”这是谷歌的创始人之一拉里·佩吉极力宣称的。

对，对……在等待下一个世纪瘟疫到来之前，过去的我们会慢慢地浮上水面，并且和我们未来想要创造的形象混合在一起。精分的身份、为了宣传自己合成的照片、没有经过处理的数码垃圾，这些都会将我们赤裸裸地呈现于人前，甚至是以不堪的形象……

无该项应用

阿德里安和他的iPhone……这两者形影不离，用iPhone他可以抽烟、喝酒，他可以是绝地武士[11]，也还可以是水管工马里奥[12]，他可以像DAFTPUNK乐队一样进行混音[13]，也可以吹奏乌乌祖拉[14]，他可以像汤姆猫[15]一样说话，也可以像凯特·摩丝那样瘦身[16]。因为有这些专门的应用。事实上，各种应用凡所应有无所不有。

这天晚上他被邀请去儿时玩伴雨果和他女朋友克莱芒丝家吃饭。他套上外套：钥匙、钱包、iPhone。东西都带全了。带着轻松的心情他出了门。所有他要的东西都在iPhone中，万能的iPhone就像是神奇的数码瑞士军刀。

雨果和克莱芒丝刚刚搬家。安德里亚甚至无需给他们打电话确认他们新的住址：新家的住址就在脸书消息箱内：唐图街21号。唐图街……唐图街……到底在哪里呢？他走到了公共自行车的借车亭，电子地图应用中包含的GPS功能给他提供了一张唐图街的地图，并且将

【11】应用PhoneSaber。
【12】应用 iRwego应用 iRwego。
【13】应用DJ Mixer 3.2带Iphone专用混音器。
【14】应用 Vuvuzela 2010。
【15】应用 会说话的Tom Cat。
【16】应用 BMI体重指数计算器。

确切的地点用红色的大头针指出。轻轻点击一下这个大头针，地图消失了，留下的一张雨果和克莱芒丝所在大楼的外观图片。就像身临其境。

这街道看上去有点坡度。靠近蒙马特高地附近，地势都有点陡。所以不要骑自行车，最好还是坐地铁。他打开了手机中公交指南应用，它指出了最佳路线。地铁罗米尔站下车。坐过去六站。大概20分钟。

坐在地铁的座椅上，安德里亚点击了新闻89应用，他利用这20分钟的车程看了一下今天最新的新闻。在走出罗米尔车站的时候，他重新打开了电子地图的应用，他跟着地图指示的方向，朝朋友家走去……但是他发现自己两手空空，这可不符合他的习惯。安德里亚必须赶紧买份礼物，并且还不能迟到。没问题。他拿出了黄页应用，输入了"花店"，并且点击了"在我附近的"按钮。iPhone进行了加载，然后定位了所有符合条件的花店。结果：附近有5家花店，其中一家离他只有325米，并且晚上8点之后继续营业。做得好。

安德里亚手里捧着盆栽，在20点59分到达了雨果所住的大楼。他早到了一分钟。安德里亚来自于斯特拉斯堡一个传统的天主教家庭：对他来说约了21点就是21点，差一分钟也不行。他按下了进门按钮，走上了楼梯，然后在21点整点按了门铃。克莱芒丝来给他开门。

"啊，已经到了啊，快进来……"

"这是盆盆栽，送给你们。这是我在这附近唯一能找到的东西了。"

“谢谢，真是太客气了！跟我来，雨果正在厨房准备Mojito 酒[17]。”

安德里亚进入厨房，和正在忙着的老友行了个贴面礼。雨果将iPhone手机放在厨台的柠檬汁旁边，他正在搅拌冰块并且剪薄荷叶。

“你放柠檬汁？”安德里亚有些吃惊地问道。

“等尝了再抱怨。”

这个小窍门是雨果从应用软件Marmiton [18] 中偷来的，这是一款食谱应用。在介绍“Mojito”的那一页上，某个叫Chachou的网友推荐用柠檬汁，因为“它甜度适中并且气泡十分漂亮！”对Chachou来说，用柠檬汁做出来的Mojito“味道好极了！”但是对于刚从古巴回来的安德里亚来说，这样的做法简直暴殄天物。

雨果给安德里亚和克莱芒丝都倒了一杯，然后和他们轻轻地碰了碰杯。

“把这当做自己家吧。坐那里吧。我们去厨房把鸡肉给烧了，马上就回来。”

安德里亚一个人坐在客厅的沙发上，喝着他的Mojito。这时雨果从厨房探出头来：

“你可以给我们放点音乐吗？”

“OK，想听什么？”

“我的音乐都存在iPhone里，但是我现在需要它为发面计时。要不，放个好听的广播吧。”

安德里亚打开了广播，刚好广播里在放一段有点恐怖的音乐。这

【17】Mojito酒：古巴传统的鸡尾酒，用朗姆酒、甘蔗汁、青柠檬、薄荷、冰块调成，据说是大文豪海明威最喜欢的酒。制作的方法是将青柠檬捣碎，加入冰块、甘蔗汁、朗姆酒、苏打水，并且放入薄荷叶。

【18】是苹果在线商店25款热卖应用中的第一名（总数是250000款应用）。

段音乐让他想起了电影《我恨情人节》。

“我喜欢这首歌！”雨果在厨房高声说道，“这首歌歌名叫什么来着？”

安德里亚按了Shazam应用，然后将iPhone对准了扬声器。在屏幕上，一个黑色的扇形图标随着节奏慢慢打开。音乐辨认出来了！是……安妮塔·沃德的*Ring My Bell*。曾经的迪斯科大热舞曲。

“你不知道这首歌吗？”雨果又问。

“当然知道了，应该是安妮塔·沃德的*Ring My Bell*。”

“对了！*Ring my Beee-eee-eeell！Ring my bell*！”雨果举着手里的Mojito一边唱一边走进客厅。

“其实这歌不是我听出来的。”

“我知道，Shazam应用……这个应用真的很好。我也装了一个。”

“很多人都装了……你还装了什么别的？”

“都是些最常用的：《世界报电子版》、Rue89新闻、脸书、黄页、电影指南等等……”

“让我看看。”

雨果拿过了安德里亚的手机，“先给我看看你的应用，我再给你看我的。”安德里亚的应用全部是分门别类地归纳好的。“交通”、“新闻”、“实用工具”等等。而且没有老版本，全部更新到了最新的版本。

安德里亚要求看看老朋友的应用。雨果向他展示他的应用软件页面。场面马上变得十分有趣，安德里亚兴奋得就像误入糖果店的小孩：

“等等，停！不，回来！对了。这个是什么？”

“啊，iPassion?这是一个恶搞应用，是用来测试你的性能力的。而且这个都是英文版的。”

“这个东西真是太傻了。那些美国人真是疯了，什么都想测量。你试过了吗？”

“没啊！难道我跟克莱芒丝说：‘亲爱的，等一下。我先把iPhone放在床上，好了！开始吧，一、二、三……’？”

但是后面的话安德利亚没有听到，他又被一个图标是一只大啤酒杯的应用吸引了。

“这是什么？”

“《喝得痛快》！你不知道这个应用？”

“不知道，告诉我怎么玩的？”

雨果进行了现场演示。屏幕被一个很大的红色按钮占着。雨果按了这个按钮。整个iPhone屏幕上立刻充满了金色的液体并且伴随着气泡跳动破裂的声音。泡沫十分丰富，而且听起来就像在很厚的杯子里轻轻跳动。嗯！！屏幕上的酒已经满了，雨果将iPhone当做酒杯，倒向自己的嘴巴，就像在喝真正的啤酒。他喝得一滴不剩。然后擦了擦嘴。

安德里亚笑得乐不可支。

“嘘！还没结束呢！”

这时iPhone发出了打饱嗝的声音。

“哈哈，太强了！等等，让我来！”安德里亚一边说一边伸手去夺手机。

“等等！不要把手指放到屏幕上。你会把酒弄脏的。”

"没关系没关系。"

雨果把手机递给他，但是还是盯着他，以防他随便乱翻。安德里亚喝完了他的啤酒。最后的那声饱嗝又使他笑得东倒西歪。

"你的啤酒想让我上厕所！我马上回来！"

在厕所里，安德里亚有自己的小怪癖。他上厕所时一定要读点东西。但是在雨果家的卫生间里，什么都没有。墙上和地上都没有什么可读的东西。于是他拿出了iPhone，看了保存在里面的诗歌《白雪》，这首阿波利奈尔[19]的诗歌是他免费下载的。

等他从厕所出来的时候，雨果把手机递到了他的嘴边。

"来！随便说两句。"

"呃，我不知道……'难道，你再也不来参加晚宴了！'"安德里亚学了一句热门电视剧中的台词。

这是一个语速很快的尖细的声音重复了这句话："难道，你再也不来参加晚宴了！"这是应用Tom cat中的那只猫发出的。

"太有意思了！"安德里亚惊叹道。

他们还试了很多其他话，例如："你妈穿着比基尼"、"吃点苹果吧"……克莱芒丝来到了客厅，这两个好兄弟正在一起比赛讲蠢话。

"啊，克莱芒丝！你来得正好！过来！说句话！"

"你想要我说什么？"

"随便，都可以！不用多想的！"

"我不知道。"

【19】阿波·利奈尔（Guillaume Apollinaire）：法国20世纪最有特色的小说家和诗人，超现实主义文艺运动的发起人之一。

“大声一点！”

“啊，你真烦啊！”

小猫跟着重复：

“啊，你真烦啊！”

雨果和安德里亚笑得东倒西歪。但是克莱芒丝没有。

“不好意思，我觉得你的东西一点也不搞笑。”

“那你给我看看你的。我想你也一定有用来搞笑的东西。”安德里亚反诘道。

“如果你有兴趣，那你看吧。”

克莱芒丝把手机递给他。

“你的手机还真是简洁啊。”安德里亚说道，“啊，你有这个。我就说嘛，你有镜子应用！”

“这个东西一点都不实用。简直是无聊！”

“我也这么觉得，我也下载了这项应用。”安德里亚激动地说，“我以为只有我一个人当了冤大头呢，原来不是！……”

当然不是。镜子和温度计是被下载得最多的应用之一。但是在iPhone里，既没有可以用来测量温度的水银，背面也没有可以用来当镜子的银箔。但是我们希望相信我们的手机是万能的。而且我们喜欢让我们的手机做些只是用来搞笑的蠢事情。

透明一代

“人们不仅愿意分享更多的信息和思想，也乐意与其他更多人接触。社会准则总是在与时俱进。”马克·扎克伯格曾在2010年1月这样指出。

当玛丽安向她的母亲玛丽宣布自己怀孕了的时候，情景是这样的：

“喂，妈妈？我有个很大的消息要宣布！”

“你终于要结婚了！”

“不是的，我怀孕了！”

“不是吧！我简直不敢相信！祝贺你，我亲爱的女儿！我真为你高兴啊！[20]”

这是四年前的场景。对于玛丽安的第二个孩子，她母亲玛丽收到的惊喜就不止于此了。这个惊喜是伊万——玛丽安的男朋友策划的。

某个星期四下午，伊万和玛丽安手挽着手走出蒙苏里医院的妇产科门诊。这是他们孩子的第一次超声波扫描！他们走进了蒙苏里公园门口的一家小酒吧，打算喝一杯香槟庆祝一下。这是目前玛丽安唯一

【20】目前在法国，出于各种原因，有很多情侣选择不结婚，他们共同生活在一起，并且生育子女，关系和已婚的夫妻差不多，只是少了一纸婚书。据统计，在法国每年出生的婴儿有半数以上为非婚生子女。因此在法国，未婚生子是司空见惯的现象。了解这一点，有助于理解本文。所以此处母亲的反应以及下文中将孩子的父亲称为男朋友也就不难理解了。

可以喝的酒精饮料。他们为了未来的小生命碰了杯，并且猜测这将是一个男孩还是女孩。

“你怀孕的事目前通知了谁？”伊万问道。

“只有我父母和姐姐。”

“我也是，再加上维罗妮卡。”

“这样吧，要不我们通过脸书宣布这个消息吧？”

“好啊！”

等他们一回到家中，趁着玛丽安在厨房给她姐姐打电话的空隙，伊万拿来了超声波照片并且坐到了客厅的电脑前。他把宝宝的照片从蓝色的信封中抽出来，将它扫描成数字格式，重新进行剪切，并且加了注释：245342，玛丽安在蒙苏里医院的超声波照片。

“玛丽安，快来看啊！”

玛丽安在17英寸的电脑屏幕上看到了她超声波的照片。

“哦，太可爱了！我的姐妹们一定会很吃惊的！我都能够想象得到法妮的表情了。”

“我们就这样发布到你的脸书账户上吧？”

“好！……等等！等等！”玛丽安回答道，“我们能在照片中间加个标识吗？”

“当然可以，但是我们写什么：“我们的小外星人?”

“呃，你真是没有幽默感！来，还是让我来写。”

玛丽安从他手中夺过鼠标，并且坐到座位上。在图片中间，就在胎儿的下方，她加上了：迷你玛丽安+伊万，并且在图片下面加了个评论："这小家伙已经长得像爸爸了；）"，然后发布了这个图片。

这张超声波照片就出现了在了他们359个好友的更新记录里了，这个好消息很快通过服务器传递了出去，并且马上就会收到反馈。玛丽安坐到沙发前看美剧《豪斯医生》，她一边轻抚着肚子一边等待大家的反应。

"滴"电脑邮箱首先有了反应。玛丽安起身去收邮件，邮件的标题为《亚历山德罗·罗斯特罗刚刚评论了你的照片》。

亚历山德罗·罗斯特罗：真是个好消息啊！

10月21日　16：45　**喜欢**　**评论**

玛丽安微笑着，此时伊万走了过来：

"这人是谁啊？"

"亚历山德罗？这是我一个在卢旺达的智利客户。这真让我开心啊。我们已经有五个多月没有联系了。"

玛丽安接着去看照片的评论，她的好姐妹瑞秋刚刚发布了一个：

瑞秋·科斯比：我刚刚起床，但是我却有一种在做梦的感觉！亲爱的，这真是一个意外的惊喜，恭喜你！！！！

10月21日　17：25　**喜欢**　**评论**

这仅仅只是一个开始。照片公布三天后，玛丽安的留言板上全是"恭喜！！！"、"激动得想哭！"、"哇哦！！！"等字眼。她的朋友觉得这个"太让人激动了"或者"真是不可思议！！！"。他们当中的43人"喜欢"这一条。事实上所有的人都喜欢这一条。

例如她最亲的姐姐嘉艾尔：

嘉艾尔·拉斯图科：太棒了，我要把这个消息告诉妈妈，我看到了我外甥的第一张照片。

10月24日　21：23　**喜欢**　**评论**

以及关系较远的费里西安：

费里西安·摩尔图：说起来我们好久不见了，看来你过得很好……恭喜你，希望下次能见到你。

10月22日　11：25　**喜欢**　**评论**

在66条评论中，没有一个人觉得在脸书上看到超声波照片是一件让人吃惊的事。孩子出生是一件大事，没有人会对此说什么不好的话。

唯一一个不协调的音符来自于两天之后内森的评论，内森是伊万的朋友，而且这条评论其实也无伤大雅。

内森·沃尔斯基：这真是一个信息可视化的绝佳例子。是不是还能很快用iPhone对宝宝进行地理定位？祝贺你。

10月26日　17：33　**喜欢**　**评论**

玛丽安对此询问了她男朋友：

“内森也留了一个评论，他的幽默感还是那么冷。”

“让我看看……（伊万走了过来并且看了这条评论）是啊，不过我倒是没觉得这条信息有什么不妥。”

玛丽安翻看了其他的评论，然后注意到了她的美国朋友马修的留言，问她是否准备“在生产那天在脸书上对生产过程进行视频直播”。

“这个主意不错！”伊万当即赞同，“我们要不就在分娩那天拍个小录像？”

“呃……我觉得他应该是开玩笑的。”玛丽安马上制止了这个想法。

“啊，你说得对。还有你妈还没有发表评论呢。你上次不是说你妈也建了一个脸书账户吗？”

“是啊，是啊……我还加了她为好友呢。昨天下午她给我打了个电话，给我上了一堂道德伦理课呢。”

“她为什么要说你？”

“你说呢？还不是为了超声波照片的事！”

事实上，昨天她妈妈一看到网上的超声波照片，就立刻气急败坏地给她打了个电话。她指责玛丽安这样做是无知的，是对腹中胎儿的不负责任。玛丽安反驳说她只是做了自己想做的事情，并且当即挂断了电话……对老人家解释是没有用的，她永远不会明白。

这就是当“传统一代”遇上了“透明一代”……

宝贝嘎嘎

脸书现在已经成为了一个托儿所。它的服务器上充斥着各种以下类型的信息："新长了一颗牙齿"，或者"今天有点便秘"。它的主页上都是小孩子各种表情的照片。在各个用户账户上，爸爸妈妈们都放上了他们神奇宝贝的照片。

是不是只是那些网络极客父母的怪癖呢？远远不止如此！根据一项国际调查[21]，74%的法国宝宝被晒在网上。

露依莎是这些"E时代宝贝"中的一个。这从她出生的那一刻就开始了。

朱迪丝·马维尔：很高兴成为露依莎的妈妈。

2009年3月31日，17：09　**喜欢**　**评论**

朱迪丝的朋友立即送出了祝福：

苏菲·尼佩：多好的消息啊！！！！！！太好了！！！！快把宝宝的照片都传上来！亲一个！

2009年3月31日，　19：43　**喜欢**

罗曼·科尔：宝宝真漂亮啊！她把你们俩的优点都遗传了……露依莎，欢迎来到这个世界上！！；）

2009年3月31日，　18：24　**喜欢**

丽贝卡·纽鲁诺

【21】来源：AVG调查《数字时代的生育：欢迎来到在线世代》。

啊啊啊啊啊啊啊啊啊啊啊！我真是太为你们俩感到高兴了！让我热烈地拥抱你们一家三口吧！！！！

2009年3月31日，　17：31　**喜欢**

从此之后，朱迪丝会定期地上传露依莎的照片。这样我们就可以看到爸爸和（或）妈妈跟宝贝在一起的神奇时刻了：睡觉、大笑、喝奶、哭泣、微笑……

从第一张超声波照片到宝宝跨出人生第一步，朱迪丝全部都拍了照片，并且加了解说。在脸书上，她的348位朋友都能够看到读到这些照片。他们甚至无需亲自去探望产假。她唯一差的就是没有把受孕的过程拍下来。真是可惜啊。而且从照片上我们也看不出一年之后爸爸实际上已经跟着另外一个女人走了。

露依莎出生一年半后，和往常一样，只有她的妈妈朱迪丝陪着她去公园玩耍。一走到游戏区域，宝宝就飞快地向滑梯奔去并且开始往上爬。她妈妈马上拔出iPhone，并且按下了录像功能键［REC］！就像一位导演．她不停地给她的女主角指导意见："你要去那边吗？去吧，露依莎！来！去吧！"……"小哥哥到那边去了，你也过去吧！"……"好了！你可以放手了。"露依莎从滑梯上滑了下去。朱迪丝继续拍摄并且为完成的镜头欢呼："好！好！"Cut停机！朱迪丝半跪在女儿旁边和她一起看这段50多秒的录像。露依莎都看懂了，她笑得像个天使。妈妈当然不能错过录下这笑容的机会。

但是露依莎不愿呆在原地，她跑开了。朱迪丝拿着iPhone跟在后面。露依莎重新爬上了滑梯，但是到了上面之后她突然有些害怕了，不敢往下滑。她妈妈鼓励她："来吧，露露，快滑下来！哦，别！别把头朝前伸，这个太危险了！"露依莎才不听劝呢，她已经打算伸着头滑下来了。朱迪丝赶紧停止录像！她及时地抓住了她的小洋娃娃。

尽管第二个片段很短，但是还是保存下来了。朱迪丝用她的iPhone把这两段视频立即上传到了脸书。她将第一段录像命名为《滑梯探险》，将第二段命名为《小小惊险》。

滑梯探险 [高清]

长度：0：50

10月10日，16：52分通过iPhone发布在脸书上 **喜欢** **评论** 分享

滑梯探险 [高清]

长度：0：19

10月10日，16：54分通过iPhone发布在脸书上 **喜欢** **评论** 分享

在回去的路上，正当露依莎的小童车像麦克拉伦车队的赛车一样碾过落叶，穿过行人的时候，朱迪丝收到了关于她发布的第二则视频的评论。

3个人喜欢这则视屏。

奥尔嘉·博德　你能不能把这则视屏发给我？我太喜欢了！！！

10月10日　17：02　**喜欢**

艾莉丝·诺顿　她真的是太可爱、太迷人了！

朱利安·佩内　她还真的是很小心啊。不过她是应该小心点的，

因为她老妈真的是天不怕地不怕。

10月10日　17：15　**喜欢**

回到家，朱迪丝给女儿准备了一杯牛奶和一块巧克力做食物，然后把电脑放到客厅的桌子上。露依莎手上沾满了巧克力，她在键盘上敲敲打打，并且一边玩手里的玩具。朱迪丝适时地拿出了iPhone，开始录像［REC］！

“不，别碰电脑，这是妈妈工作用的。露依莎！把手拿开！”露依莎停了下来……然后又开始了。“你想干什么呢，露露！”小宝宝用淘气的眼神看着镜头，然后说：“嘎嘎，啊嘎嘎！”然后狠狠地按着SHIFT键盘。她妈妈走近她，她往后退了退，有点蹒跚（两个月前她刚学会走路）。然后她沿着茶几开始跑，边跑还发出咯咯咯的笑声，这场景简直可以去给婴儿用品做广告。

［REC！］录下来，然后［点击］，小宝贝的这段录像就立刻上传到了她的脸书主页，并且标题如下：

禁止的事情真好玩！［高清］

长度：0：42

10月10日，17：32分通过iPhone发布在脸书上　**喜欢**　**评论**　分享

15分钟后，朱迪丝的朋友奥尔嘉——2岁的马蒂斯的妈妈，已经添加了一个评论：

奥尔嘉·博德　原来我们的小露露是个极客啊，真可爱！

10月10日　17：02　**喜欢**

到了吃晚饭的时间。端坐在她的儿童专用椅子上，露依莎满足地吃着妈妈按照婴儿食谱为她特别烹制的美味的蔬菜糊。朱迪丝将调羹从盘子到小宝宝嘴里的全部过程都拍了下来。露依莎吃着吃着停了下来，她妈妈看到了。“你不想吃了？你吃饱了？”是的，露依莎吃饱了。她妈妈停止了录像，并且把宝宝抱到了床上。露依莎没有做任何反抗。

朱迪丝将宝宝吃饭的录像命名为《小公主的晚餐》并且上传到脸书上，然后在小宝宝的额头上印上一个轻轻的吻。她将光线调暗并且轻轻地关上了门。表演谢幕了。

20点30分。在上网看脸书朋友圈的回复之前，朱迪丝给自己准备了一杯名为“宁静的夜晚”的花茶。花茶泡好后，她坐在沙发上，嘴里叼了根烟，把电脑放在膝盖上，然后看奥尔嘉对她女儿晚餐的评价。

小公主的晚餐［高清］长度：0：37

10月10日　17：42　通过iPhone发布在脸书上　**喜欢**　**评论**　分享

奥尔嘉·博德　我喜欢！真的是吃得有条不紊又干净，真是个聪明的小淘气；）马蒂斯用调羹的方法，可以说……十分野蛮。

10月10日　21：52　**喜欢**

朱迪丝·马维尔　那是你没有看到我女儿其他时候的吃相！：-)你有马蒂斯吃饭的录像吗？

10月10日　21：55　**喜欢**

奥尔嘉·博德　我拍了很多，但是没时间挑选……

10月10日　22：20　**喜欢**

这两个年轻的妈妈很喜欢在网上交流意见，就像她们坐在茶馆讨论一样。奥尔嘉和朱迪丝滋滋有味地分享着。但是其他的人已经对此感到厌烦了。朱迪丝已经上传了她女儿的163个视频和348张照片。

她想将所有的一切都放在网上，想让这一切永远被人记住，想把这种幸福晒给她所有的朋友看。罗兰·巴特[22]曾经说过："照片复制永恒，这样的奇迹只能发生一次。"但很显然，朱迪丝并不相信。她的宝贝、她的打嗝、她红色小靴子，这些都要保存好、上传并且永久留存。

脸书已经变成了小皇帝们的王国。宝贝们在这个王国里，而那些带着炫耀心理的家长则在外面，给宝贝们拍照、录像、写评论、创建账户。大人们在这里找到了人生的乐趣。孩子们在这里自由自在。欢迎来到宝贝嘎嘎的世界。

【22】 罗兰·巴特，《明室》，伽利马出版社，1980。

无用的假设

苏菲，今年36岁，是Wellcomm公司美丽的公共关系主管，曾经是该公司的门面。她一周工作60个小时，并且和她的两个小孩子5岁的佐伊、8岁的罗曼以及37岁的丈夫西蒙住在一起。为了平衡工作和家庭，她的日程安排就像是在急行军，而她也是一刻都不得缓口气。最终她的身体出现了状况。给她治疗的医生建议她好好休养。

但是怎么慢下来呢？苏菲在考虑她是不是可以实行4/5天工作制[23]。她将这个想法告诉了她丈夫西蒙。

“没问题，我觉得这个想法总体很好，但是会不会有可能引起我们的财务危机？”

“我用Excel表格进行过演算了，要是我们可以综合平衡一下，应该不会有太大的损失。”

“是吗?”

“我算给你看。”

苏菲拿出了她的黑莓手机，打开了文件“4/5工作制影响.xls”，然后将屏幕给他看。

“左边这一栏，”她解释道，“你看到的是我们节约下来的费用：90欧元的日间保姆费用，1000欧元的税收减免，等等。”

【23】法国针对有多个孩子的母亲的一种福利，即一周五天工作日内可以选择一天不去上班，但是这种休假是不带薪的。与此同时，如果选择了4/5工作制，可以享受税收上的减免。

“OK，但是右边的这一栏也显示，收入是实打实地减少了20%。”

“我同意，但是我可以有更多的时间和孩子们在一起，这个不是用金钱可以衡量的。”

“但是这个不会影响你的升职吗？”

“会有影响。但是我已经跟伊萨谈过了。她也实行了4/5工作制，这对她今年的奖金毫无影响。”

西蒙不再坚持。他也看到了其中的好处。这样的话，每个礼拜三[24]他就不用递交请假条了：

“好吧，你觉得怎样好就怎么做吧。这两种情况我都可以接受。”

苏菲本以为西蒙会给她更大的支持。但是不管怎样，她已经拿定主意。第二天快下班时，她去了蒂耶里——公司的两大老板之一的办公室。老板正在一边打电话一边看邮件，他招手示意她进来。苏菲坐到他面前，等他把电话打完。

“你找我什么事吗？”他一边看着电脑屏幕一边问她。

“我想跟你讨论一下我的工作安排。”

“哦？有什么问题吗？”他抬头问。

“不是，不是，工作没有问题。只是目前对我来说，要平衡家庭和工作十分困难。我想，有没有可能让我像伊萨贝拉一样实行4/5工作制。”

蒂耶里一边在抽屉里翻来翻去，一边直视着她的眼睛。

“这个，苏菲，我真的没想到你会提出来……我对你的期望很

【24】法国所有的小学星期三下午都是不上课的，基本上由父母带小孩子去参加各种兴趣活动。

大，你知道的。”

“我知道，谢谢你对我一直的关照，但是在跟你提出来之前我已经考虑了很长一段时间了。”

“好吧，那些客户呢，你确定你在四天之内都能搞定？”

“我保证跟从前一样。而且要是一旦有问题，你还可以给我打电话。”

“好吧，如果你真的想这样，我也不能硬反对，但是我希望你能意识到这是公司对你的特别优待。”

特别优待？像苏菲这样有两个或两个以上孩子的母亲，这是公司必须对她们履行的社会责任。

一个月后，苏菲正式开始了4/5工作制，由于上班时间缩短了，她不得不马不停蹄地为了各种任务在办公室奔走。今天是周二了，中午她在电脑前花十分钟吃了个三明治。今天下午她得把所有的事情都交代完。因为明天是周三了，她的休息日。

下午四点，宝马公司广告的电话会议。八个人参加会议，人人都全副武装准备投入战斗。蒂耶里主持会议，他向大家展示PPT。苏菲看着她电脑屏幕上划过的一张张幻灯片。太慢了。她的手指不安地在她的手机上敲打，仿佛这样就能加快PPT演示的速度。她本该十分钟后走人的。但是来不及了。赶紧行动！她把她的电脑话筒设成了静音，然后用手机给丈夫打了个电话。

“亲爱的，我现在正在开电话会议，你能不能早点下班啊？”

“不行啊，不可能的，我这边实在走不开。”

“那你能不能打电话给保姆说我暂时走不开？”

“你自己想办法吧，我真的没有时间，我得挂电话了。再见。”

"等等……"

她丈夫的时间跟她的时间配合不起来。而且他给出了不容置疑的理由"我没有时间"。在这里，谁要是先亮出这句话，谁就是胜者。

电话会议继续进行着，然后蒂耶里做了总结陈辞。

"我想大家都已经发表了各自的意见，谁还有不同的想法？"

"没，没，蒂耶里，所有的一切都很明确了。"苏菲说。

"那好，会议到此结束，谢谢大家参加。最后一点，下一次的电话会议我们安排在什么时候？我建议了22号下午四点。"

苏菲看了一下她的Outlook。22号？是周三。但是她没说什么，她希望有另外一个全职上班的同事那天正好也没空。

"等等，我得看一下我的日程安排，我没问题。"斯蒂芬妮回答。

"我也没问题。"他的助手艾尔本回答。

"好的，蒂耶里。"图案设计师迈克尔一边说一边将日程记入诺基亚手机。

"我可以的。"萨宾娜低声说道。

"那你的呢，苏菲？"

"我不行，我周三不上班的。"

"你要休假吗？"

"不是，我申请了4/5工作制。"

"哦，我想起来了。好吧，为了让事情简单点，你把你的建议发到我邮箱，我看完后给你回复。"蒂耶里做了决定。

电话会议开到19点30分结束。苏菲将几份邮件发完，填写了考勤表，然后回家了。

第二天，周三早上7点30分，佐伊和罗曼起床了。他们吃了早饭，背上书包，穿上了外套。

8点08分，已经比他们应该出门的时间迟了8分钟。

“罗曼，你能不能快点？你爸已经在等你了。”

当西蒙将两个小孩子推进电梯的时候，苏菲趁机亲了亲两个宝贝可爱的小脸，和他们道别。当她关上门的时候，屋里静得不可思议。苏菲背靠着厨台，点了支香烟。在她的面前，是冰箱上的便条：

——去电信续费；

——去配备份钥匙；

——购物；

——预约挂号。

在做这些事情之前，她先查看了她黑莓手机上的工作邮件，看看她昨天晚上发出去的平面广告方案是不是有问题。邮箱里有戴安娜的邮件。太好了，方案通过了。“Yes”苏菲自言自语了一声。她马上把这个邮件转发给了图案设计师迈克尔，并且在邮件正文中给出了几点说明。

你好！

正如你所见，平面广告通过了（总算！）。所有的注意事项已经都包含在昨天我发给你的总结说明中了。如果有任何问题请给我打电话。我用附件把总结给你再发一遍。

S

为了发附件，她必须使用客厅的电脑，然后连接上网。三下两下，邮件发出去了。完美无缺。与此同时她把今天早上发给她的关于杰尼亚公司的游戏广告的文案重新读了并且修改了一遍，最后确定了该文案的广告词。看来明天一早回到公司又有得忙了。

10点15分。电信的发票？她不知道自己放哪儿了。她从来没有时间可以好好地整理物品。可能放在办公室的抽屉里了。

10点28分。她的手机响了。号码没有显示。她接起了电话。因为万一是工作上的急事呢。

“喂？”

“你好，苏菲。你在上班吗？”

是玛塔，她总是认为只要你接电话了就表明你有空。

“不是，今天礼拜三，我现在在家。”

“对了，我想起来了！你日子过得不错嘛……”

“你找我有什么重要的事吗？”

“是的，我收到了一通很奇怪的短信。要不我打固定电话给你吧？”

“不好意思，我现在没时间，我要在去学校接佐伊之前先去买点日常用品。我们稍后再打电话吧。亲亲，再见……”

12点。苏菲在校门口等佐伊和罗曼放学。在回家的路上，她在肉店买了两块牛里脊。

13点。和两个孩子吃了顿简单的午餐：牛排、意大利面以及肉汁。

15点30分。苏菲将罗曼送到了视力纠正诊所，他正在这里接受视力保健治疗。医生来迟了，所以佐伊有可能赶不上她的舞蹈课了。苏菲马上带着女儿飞奔过去。

16点在佛罗伦斯-戴尔海舞蹈中心的更衣室里，苏菲帮女儿换上了跳芭蕾的蓬蓬裙。

“再见，我的小心肝，我得赶着去接你哥哥。”

16点30分，苏菲从诊所接回来孩子，然后把他送到了柔道馆，还好这两个地方离得不远。

17点。在去接佐伊下课的路上，她利用仅有的一点点时间到药房配了点头痛药。在排队的时候，她利用这个时间看了一下黑莓手机中的工作邮件。有宝马公司的贸易主管梅丽莎发来的邮件！她打开了邮件：最终，他们决定不要平面广告了！这事让人烦心。她马上给迈克尔打了电话。

“喂，迈克尔吗？是的，请立即停下所有关于宝马公司的工作。”

“什么，但是我已经花了半天的时间了。”

“我知道，所以我才打给你。他们现在不要平面广告了。”

“那我做的工作要怎么结算？”

“目前，先算半天的宝马项目。然后你去找塞德里克，他应该需要一个设计师。”

苏菲已经在规划明天早上的工作了，怎样才能把这白天的时间给补回来。而且宝马的广告费用账户已经赤字了。她的腿有些发抖，一股胃酸涌上喉咙。她让药剂师给她再开了一盒止痛药斯帕丰。

17点30分，等她赶到舞蹈学校的时候，佐伊已经换好了衣服，在另一个小朋友妈妈怀中委屈地等着她了。

17点47分。在去柔道馆的路上，叮铃铃！手机响了。玛塔！她把她给忘了。电话打来得真不是时候。“我又不是她的热线！她真是烦！”苏菲高声地唠叨。

“谁烦你了，妈妈？”佐伊问道。

“没有人，小心肝。”

苏菲加快了脚步，她已经迟到了。罗曼在柔道馆门前的路上孤零零地等着。

18点30分。已经来不及去预约挂号了！苏菲带孩子们回了家。她让佐伊复述了今天学到的诗歌，让罗曼复述了历史地理课的内容。

19点30分，西蒙下班回来了。“大家好！”他抱了抱两个孩子，然后去查信件。

“你没有替我去挂号吗？”

“没，我实在没时间。”

“下次要是这样的话，你就直接告诉我你去不了，我自己想办法。”

苏菲没有接话，但是西蒙还是接着说了下去：

“那你一整天都干了什么？”

“你想让我给你一份详细的报告吗？我今天两只脚没停下来过。”

19点40分。苏菲跳过了两人之间的交流，然后把米放进了电饭煲。煮饭的时间设定为11分钟。她利用这11分钟晾好洗了的衣服。同时，她拿了抽屉里的鞋垫，将其塞入放在走廊已有一星期的靴子里。

她蹲下身来粘鞋垫。西蒙看见了这一幕：

“你不应该对你的靴子这样做，你会把它们弄坏的。”

苏菲没有理他。西蒙继续像领导那样发号施令。

“记得把米饭盛起来。”

苏菲有点火大，但是她强忍着。西蒙继续火上浇油。

“我重新考虑了一下关于你的休息日……没有人要求你做成像完美主妇布丽[25]一样。你就不能稍稍放下一点担子？”

“放给谁？……你吗？你从来就指望不上！”

“你可以让罗曼分担一点啊。他已经长大了。”西蒙转向他儿子，“嗯，罗曼，你愿不愿意帮妈妈啊？”

“愿意，爸爸。”

21点15分。晚饭（妈妈的工作）。洗澡（妈妈的工作）。讲故事（爸爸的工作）。80%的家务是由女人承担的[26]。在这个家里，妈妈承担了70%。

20点40分。孩子们睡了。西蒙在看电视里的选秀节目《新星歌手》。苏菲拿了眼罩和茶几上的《心理月刊》杂志到卧室去。

“你现在就上床了？九点还不到呢？”

“是的，我要去睡了，我已经精疲力竭了。”

20点58分。苏菲已经换好了睡衣，躺进了被窝。在被窝里她感到很舒服，她开始看文章《Y一代的新行为》。

【25】电视剧《绝望主妇》中主角之一。

【26】法国国家人口调研所（INED）的调查结果，2009年11月。

反正明天早上的创意会，她不用准备演讲。所有她还有在睡前做个《心理月刊》上的测试：

“在生活中，你会扮演电影中的哪个角色？你是剧作家、导演、演员还是观众？”

她在第五个问题停住了：

“对于你来说，什么样的生活才是成功的生活？

* 最大限度地发挥了你的潜能

* 在重要的领域取得了重大的成就

* 平稳顺利的人生

* 可以出轨的人生

她选了：“可以出轨的人生”。所有的选项选完之后，她清点总共有多少个选项是“□”，有多少个选项是“△”。这时西蒙走进了卧室。

“你在干吗？”

“我在做心理测试……你想干吗？”

“不想干什么。就跟你说说话……”

他想钻入被窝。

“等等！风都漏进来了！我冷死了！”

“我来给你温暖一下。我给你做个小小的按摩吧。”

他伸出手去够床头柜上装了甜杏精油的绿色玻璃瓶。

“我累死了……你别动，我就喜欢你在我身边。”

她背靠着丈夫睡下了。

“你要是总是这么累，我会担心的。你应该找个人谈谈。”

“明天再说吧，要不明天我找你？”

由于有了iPhone和黑莓，所谓的4/5工作时，实际上成了用四天的工资干五天的事。多出来的时间是给家庭的，而不是给女人本身的。在剩下的1/5的时间里，苏菲从工作狂人变成了绝望主妇。她的升职受到了影响，她的工作量还是和以前一样，她的家庭占用了她的空余时间。这真是一笔不划算的买卖！

夫妻频率+

性爱不仅仅是关于愉悦。现在它已经成为了一项能力的表现，是可以量化的并且测量的日常挑战。尽兴是必须的，而且必须频率高、质量好。

躺在床上，西尔万用他的iPad在看Marianne2网站上一篇关于名人夫妇分手的文章。手机上的电池电量报警响了！他必须赶紧充电：他的女朋友帕特里夏可能会在上完拉伸体操后给他打电话。在找电池充电器的时候，他看到了一堆杂志：《电视周刊》、《摇滚乐》、《新观察家》以及以凡妮莎·帕拉迪（法国女歌星，扮演《加勒比海盗》中杰克船长的好莱坞男星约翰尼·德普的妻子）做封面的《女性日刊》。这本杂志上的一个标题吸引了他：《这样做可以增强性欲！》，西尔万翻到了文章所在的46页，然后看到了一个问卷调查[27]：“测试你的性欲！”，这个问卷上的问题已经被勾选了答案。

这一年，您共有多少个性伴侣？

a）两个或三个

b）一个

c）四个及以上

d）零

【27】这个问卷是基于ANRS–Ined–Inserm关于法国人的性欲调查设计的，由Natalie Bajos和Michel Bozon编写。

西尔万松了口气，他看到帕特里夏选了b)。

你们平均每个月做爱多少次？

a）九次

b）从不

c）四次及以上

d）三次

帕特里夏选了“d）”……三次？西尔万觉得好像没有那么少，他试图回忆起最后一次是什么时候。礼拜一？不是，帕特里夏出差了。礼拜四？他记不起来那天他们有没有做。啊没有……！最后一次应该是他们一起与去看电影《公民之名》的那天晚上。他们一起去看了这部电影，回来后一起接着在床上尽兴。这是什么时候呢？他看了看电子日历，“出去看电影”，23号。已经20多天了！

接下去的问题：

当你们做爱时，你们会花多少时间用于前戏？

a）3分钟

b）14分钟

c）30分钟以上

d）没有

帕特里夏选了b）……西尔万计算了帕特里夏的总分：13分。对于得分在“5分和15分”之间，杂志给出了简短的诊断结果：

你们做爱不是出于激情，而是出于例行公事。如果你已经结婚了，你应该让你的配偶也做一下这个测试，对他/她进行旁敲侧击。至少让他/她能够做出改变，虽然这是另外一件事了！！

“例行公事”、“对你的配偶进行旁敲侧击”……西尔万无话可说了。他不知道别的情侣一起生活四年之后会怎么样。比如，艾丝缇和丹尼，他们昨天刚来吃过晚饭，他们应该也做得不多吧。尽管……艾丝缇看上去有点小风情……但不管怎么说，很难知道。西尔万肯定不会跟朋友讨论做爱频率的问题。甚至跟罗伊克——他最好的朋友也不会说。他们当然会谈论例如女人的屁股这样的话题，但是从来没有讨论过帕特里夏的。

西尔万重新拿起了杂志。有篇标题为《法国人性事大揭秘》的文章看上去很吸引人。但是内容却很寡淡。但是关于做爱的频率却什么也没有提到。

这篇文章最后讲到了“激发性欲的七个关键”：

第一个：“数独”游戏。通过玩填字游戏来提高性欲，在交叉填字游戏中“随处都是可以激发性趣的词汇”。西尔万有点针扎似的刺痒感觉，他接着往下读。“东方式助性法”？这是一种源于东方道家的提高性欲的方法，将一个热水袋放在肚子和腰部以下的位置。

其他更加现实一点的技术：“在野外做爱”。“增加”的诀窍：“你可以感受到清风轻轻拂过你的臀部”。狂野的性爱在他们关系之初也有过。那是在帕特里夏在马赛的老家。他们在洗澡的时候、在洗衣机上、在地毯上、在两扇门之间、在电梯里……到处做。甚至整整一个星期都没有出门。真是疯狂。不过这是四年前的事了。

西尔万注意到了右边有一个网站链接：Ijustmadelove.com……

“叮！”……帕特里夏的短信出现了在了他的iPhone上：我要跟艾丝缇去喝一杯。一个小时后回来。太好了。正好他有时间看看这个网站。

西尔万起身，拿起他的iPad，然后重新躺回床上，然后连接到了网站Ijustmadelove.com。

一开始他被标题吸引住了。题目很好：性爱报告。网站首页上Google地图类型的球型平面图上标满了那些全世界声称刚做了爱的人所在的地点。

在屏幕的右边，西尔万注意到了一个更新的滚动条“看看谁刚做了爱”，上面说某个叫亚兰丁的人刚刚在位于阿姆斯特丹郊区的床上做了爱，而且他留了一条评论表达了她女伴所带给他的惊喜：“床单上留下了几点血迹。”

西尔万将鼠标的标记放到了法国，放大了巴黎地区，找到了巴黎西北部他门家所在的坐标，并且点击了粉红色和蓝色的标记（代表女人和男人）。10月8日15点10分，Jim24（蓝色图标)和一个女人（粉色图标）在克里希·拉格朗大街的家中的沙发（橘色图标）刚做了爱。然后在他旁边，两小时前，Wahou（蓝色图标）被一个女人（粉色图标）骑在了身上（粉色图标在蓝色图标身上），然后他又和女伴采用了后进式（蓝色图标在粉色图标身后），女伴又给他做了口交（粉色图标跪在蓝色图标身前），最后他们采用了传统的传教士式（蓝色和粉色图标躺着，蓝色图标在上）。他的评价是：“太棒了”。

但是这些宣称他们刚刚做了爱的网友的发言对西尔万的问题没有任何帮助，他还是一直在找关于做爱频率的答案。

行动起来！帕特里夏半个小时候就要回来了。在Google上，他输入了关键词“做爱”、“频率”和“伴侣”。Google的搜索结果中有一篇来自网站Tasante.com的文章，这篇文章给出了他想要的数字。

“法国人声称他们平均每周做爱2到3次（……）伴侣关系的最初两年中，这个数字是平均每个月13次，然后经过5年的共同生活之后，这个数字下降到了9。”

如果西尔万的算术够好，那么他就应该算出如果他要达到平均水平，每个月就要大概做十次。11月份，他没有达标。之前的那几个月份都没有达到。为了自我安慰，西尔万只好告诉自己所有的人在做调查的时候基本不会说真话。至少，如果是他就会撒谎。

或许论坛上的人会更诚实一点。因为论坛上都是匿名的。在网站Doctissimo.fr[28]论坛上，果然有这个老生常谈的话题：

在你看来，对于一对关系稳定的夫妇/情侣，平均怎样的做爱频率才是正常的？

西尔万浏览了那些人的回复：

佩内洛普克鲁兹44　4 生活风暴（注：签名档） 论坛级别：银牌	发表于2009年7月26日　18：34 对我们来说最好的频率为每周2到3次，有时多有时少，主要取决于时机、心情等……
Cyber007 论坛级别：无敌	发表于2009年7月28日　18：34 我的想法跟佩内洛普克鲁兹44　4差不多，这个主要取决于我们自己的意愿……但是我大概是每周3到4次。
RuisselentRAS 没什么能让我吃惊 论坛级别：无敌	发表于2009年7月28日　20：54 引用marie333333：严格来说，大概每周3次，但是质量很重要！ 我完全同意：：；）；）

【28】Doctissimo.fr：面对大众的关于养生和健康的网站。

Opoil 论坛级别：常客	发表于2009年7月26日　21：04 我认为这个完全取决于两人的关系到了哪一个阶段：开始的时候总是很热情，有时可能一天都不止一次；然后两人住在一起之后，次数就减少了。这个同时还取决于很多内部因素：体力、工作、压力等等……必须追求质量而不是数量，结论是大概每周3到4次为佳，这是我的平均数 ——————————————————————"尽管我是个坏人，但是我从来不说反话……而且我总是保持风度；)(注：签名档)
Louloubizou	发表于2009年7月28日　21：15 OK,但是不要忘了，持续时间也是一个会影响频率的不可忽略的因素！？要是可以15分钟内"搞一次"，那么一天做个好几次都没有问题，；D:)
Marie3333?3333	发表于2009年7月28日　21：25 这个每个人的情况都不一样的……但是没有人会喜欢持续2个小时的性事。
Louloubizon	发表于2009年7月28日　21：43 其实我上次就做了差不多有2个多小时，并且其中有一个半小时几乎没停下来过。床单都磨破了，最后不得不停下来是因为女孩子皮都快被磨破了。所以2个小时太长了，除非穿着盔甲做。

大部分的讨论是围绕着持续时间，但是对于频率似乎没有什么人讨论。

他最后的希望：一篇发表在心理学网站上的名为《您经常做爱吗？》的文章。文章一开始就指出"做爱的频率是伪命题"，"所谓的数据只能作为参考"，"最终取决于很多因素"……但是这个理性的结论被某个叫热哈尔·勒路的男女关系心理专家给推翻了："我不认为关于频率存在着‘下限’，但是如果低于15天一次的话，那么伴侣关系就很有可能变得不和谐。”

15天！西尔万盯着这个数字。他感觉被当头一棒：他们的伴侣关系是无力的、不和谐的并且有危险。他清醒过来是因为听到了钥匙插进门锁的声音以及随后两声急促的门铃声。是帕特里夏被锁在外面了！

当然是这样。因为他把门给反锁了。西尔万赶紧删去了所有上网浏览的痕迹并且将网页转到了体育网站《巴黎竞赛报》的页面。

帕特里夏又按了门铃。

“我来了，我来了！”西尔万说。

“你现在都习惯把自己反锁了吗？”

“别瞎说。对了，你的健身课有意思吗？”

“还不错，我出了不少汗。”

帕特里夏直接进了厨房：

“你没准备晚饭？”

“我不知道啊，我以为你上课之前已经吃过晚饭了。”

“还没呢！”

西尔万盯着帕特里夏，还是沉浸在刚才的发现之中，他想象着她全裸着穿着12厘米高跟鞋的样子。

“我膝盖痛死了，”帕特里夏抱怨着，“牵得我难受。我不知道上这些课对我有什么好处。”

她坐在沙发上卷起了裤子，弯了弯大腿，然后敲打了一下胫骨。

“你看这里，就是这个地方牵得我难受。”

“让我看看。”西尔万一边走近一边说。

他抓过了她的腿，轻轻地按摩她的腿肚。

“哎呀！你按得太重了，轻一点！”

“哦，不好意思。”

他将鼻子轻轻地凑近帕特里夏的膝盖，并且轻轻地抚摸她的屁股。

“你闻起来好香啊。”

“正常的，我上完课后都会冲个澡。”

西尔万立刻停止了这个游戏，他知道他的女朋友不在状态……

他们还是喜欢躺到暖烘烘的被窝里，背靠背卷曲着身子睡，至于频率指数这回事，完全忘了……

而且最后他们做了！

离婚失败者

“里奥，你来下客厅？”

“干吗？”

“爸爸妈妈有话跟你说。”

“到底要干吗？”

“爸爸妈妈要离婚了。”

“不行，我坚决不同意”

“爸爸妈妈在一起总是吵架，爸爸妈妈已经都不再爱对方了。”

“但是爸爸会永远爱你，妈妈也会永远爱你。”

如今每两对夫妇中就有一对离婚的。现在轮到莉兹和塞巴斯蒂安了。套用一句流行的话——“欢迎加入离婚俱乐部”！

在共同生活了七年之后，莉兹决定离开塞巴斯蒂安并且另外找了一个住处。事实上，他们早已貌合神离了。他们不再一起出门，他们分床而睡并且不再做爱。但是，实际上偶尔会。情况比较复杂，三言两语无法说清楚。他们现在的关系只是同一屋檐下的住客，住在一起的原因是为了照顾他们还只有四岁的儿子里奥。

这种情况一直持续到某一天，莉兹在校友网[29]上找到了她20多

【29】www.copainsdavant.com，在这个网站上我们可以找到很久没有碰面的同学，共有1200万用户，2500万张照片。

岁时的恋人卡里姆。这最终促使莉兹离开了家。当塞巴斯蒂安得知具体的内情时几乎抓狂。莉兹和塞巴斯蒂安分居已有三个月了。里奥和妈妈住在一起，但是不时地去爸爸家小憩几天。

某个星期天晚上，里奥去了爸爸家，莉兹独自在家，但还是起不了身出门。她已经迟到了。一小时后她本该和安娜见面，安娜最近也刚刚离了婚。莉兹内心很期望能见面和她聊聊，但是实际上却懒得动。而且安娜每每表现出的那种“一切尽在我的掌握之中，我将一切安排得很好”的态度，往往让她敬而远之。

因为莉兹将分手搞得十分惨烈。但不管怎么说，星期天一切都好。30分钟后，她到了安娜家，安娜一见到她就将她狠狠地拥入怀中。

“你好，莉猪【30】，最近可好？”

“还好，还好。你呢？”

“我今天下午做了一件自我折磨的事，我做了个全套的土耳其按摩。下次我一定要带你去体验一下，做好之后你会感觉出奇的好。”

安娜将莉兹领到客厅，并且倒了两杯干马丁尼。

“你的两个孩子呢？他们好吗？”莉兹问道。

“艾尔莎和瓦伦汀？他们很好。而且小孩子也已经慢慢适应了这种状况。”

她俩碰了碰杯。

“你也知道，和塞尔日在一起的时候日子过得像悲剧，我想孩子

【30】莉兹的昵称。

们也感受到了这一点。”

安娜向她解释，如果在孩子们面前表露压力会引起他们“持续性的离婚焦虑”。

“那你能跟我说说对孩子具体是怎么做的？”莉兹问道。

“我和塞尔日决定轮流看管孩子，并且制定了未来八个月的计划。在日历上，粉红色的日子住妈妈家，蓝色的日子住爸爸家。”

“说起来，你们家的做法还真挺严肃的……”

“是呀，重要的是让孩子们清楚这个划分。另外我还把计划日历贴在了冰箱门上。”

莉兹不再说什么了。她和塞巴斯蒂安什么也没有安排，也没有计划。

“我向你推荐一个很好的网站——Newfamily.fr，这个网站真的帮了我很多。我非常赞成他们的宣传口号——幸福是靠自己安排的。”

莉兹不赞成这样的说法，她很想就此和安娜辩论一番，但是此时她的电话响了。是塞巴斯蒂安打来的。她走出客厅，躲到了安娜的卧室接听电话。

“喂，我没打扰你吧？”她的前任问道。

“有点，我现在在安娜家。里奥吃过晚饭了吗？”

“还没呢，我们刚刚坐到桌子前。”

“现在已经晚上八点了，今天是礼拜天，他明天一早还要上学呢！”

“哎呀，没关系的。偶然迟个一刻钟睡觉不要紧的！但是我不是为了这个打给你的。”

“那你打给我是为了什么？”

“我是想问你一下，这个礼拜六你能不能破个例，下午三点钟来接里奥？我本来已经安排好了的，但是临时被邀请去参加晚上六点人权大会的辩论。”

“哦，原来是为了这个啊，难道不是为了和宝拉去幽会吗？”

“你在胡说什么啊？”

“要是你上次用我的电脑的时候记得退出登录，我也不会知道了。”

“你现在开始监视我了吗？”

“我才懒得监视你呢，还有周六我也不行，我早有安排了。”

塞巴斯蒂安不说话了，过了会儿他才说：

“好吧，算了，我找我妈商量一下吧。”

“要是把儿子留给你妈，那就不必了。”

“那就不必了，什么意思？”

“我的意思算了，我来安排，你能让里奥听电话吗？”

和儿子道过晚安之后，莉兹回到了客厅：

“不好意思，你迁居派对那天我得在家带里奥。”

“但是我特意为了你选了22号，就是为了你能过来。”

“我知道，但是塞巴斯蒂安临时有事。”

“那你就得为了男人那些所谓的迫不得已的事情改变你的计划？”

“我没办法，为了里奥好我不得不这样做。”

“那我希望你没忘了我们还约了下个周六一起吃早中饭。”

“我刚想跟你说，这个也不行了。我要在塞巴斯蒂安家和里奥一起吃中饭。”

“啊？！这样不行，你这样做有点过头了！你们难道复合了？”

“绝对没有，只不过我们都试图不要把双方的关系搞僵。就这么简单。”

“你们这样做不行的。而且反而会对你们的儿子造成困惑。”

莉兹没有回答。她不想就此跟安娜争论……她走进厨房给自己倒了一杯酒，想象着此时她的小里奥或许又饿又累，并且正对着一盘速冻食物抱怨嘟囔。她不知道此时里奥已经喝完了开胃汤，并且正等着他爸爸给他去掉火腿上的肉皮，配菜还有切成小块的绿色生态番茄以及米饭。

“她妈妈只会一天到晚给他做鸡块，得换换口味。”塞巴斯蒂安自言自语着，看来儿子很喜欢他做的饭，他把剥好皮的火腿都倒入了里奥的盘中。

“爸爸！爸爸！你的iPhone，它在响！”

“知道了，谢谢，我的心肝。(……）喂，（……）是，托马斯？我要不一小时之后打给你吧？我现在正在照顾里奥吃饭。”

一小时后，里奥躺在他的床上，他正在给他爸爸复述莫里斯·卡雷姆[31]的《我的橡皮》，这是他的老师布置的家庭作业。复述完后，塞巴斯蒂安向他道了晚安、熄了灯然后回到客厅回托马斯的电话。

“喂？奶爸当得怎样了？”

“还行。里奥很健康。我刚刚让他睡下。”

【31】莫里斯·卡雷姆（Maurice Carême）：1899—1978年，比利时作家和诗人，用法语创作，他的诗歌简洁并且富有韵律，朗朗上口，并且读者老少皆宜。

“那就好，那你呢？你最近如何？不带儿子的时候有没有出去约会啊？”

“目前还怎么出去……我还需要一点时间适应。”

“你为什么不去蜜糖网上注册呢？”

“不了，这个对我真没什么意义，而且……你知道，我还忘不了莉兹，我很想她。”

“这个很正常，你们毕竟在一起七年。但是不要忘了，是她提出分手的。”

七年！在这期间他们一起经历很多事……他不禁找出硬盘里的照片，回想起了过去的事情：塞巴斯蒂安和莉兹在日本；塞巴斯蒂安和莉兹在加利福尼亚；塞巴斯蒂安和莉兹在中东……他们两人在美国大峡谷边缘上的合影看上去是那么亲密。

那么他们最后一次在科西嘉岛的旅行呢？塞巴斯蒂安直接上传到了脸书的相册中，并且命名为《科西嘉岛2010》。他的目光停留在了一张莉兹搂着他的腰的照片。这张照片现在看来很不合时宜。他们的朋友们看到这张照片一定会觉得更奇怪。塞巴斯蒂安将这张照片删除了。页面重新加载了，屏幕的右方跳出了一条指令：

“向莉兹·罗迪耶打个招呼吧。给他发条信息吧。”

脸书在其社交生产本位主义的本能下，建议塞巴斯蒂安重新和他的前妻取得联系。尽管塞巴斯蒂安刚刚和她通过电话，但是他还是忍不住好奇点开了她的账户。

莉兹没有更改她的状态，账户上显示她还是已婚。塞巴斯蒂安也没有做任何更改。

事实上，只要脸书上还没有明确，那么在大家的眼里也是不明确的。因此短期之内都是不明确的状态。

如果脸书上你的状态还是未婚，那么就算你已婚，在大家看来你还是未婚。如果你在脸书上的状态还不是单身，那么你就不算真正离婚。

脸书为此也提供了一个中间选项："情况复杂"，但很少有人会采用这个选项。对男人来说，采用这个选项显得自己沾花惹草，风流未定性。对女人来说，采用这个选项则显得自己水性杨花、风骚过头。

离婚规划师

安娜和莉兹是两个形影不离的好朋友，六个月前她们都成了单身母亲。但是她们两人的相似性仅止于此。安娜将一切安排得井井有条：在脸书上向所有的联系人发布了分手声明；安排好了孩子的看护；做好了房产分割并且进行了公证。至于莉兹，则是一团糟。她和她前夫[32]都没有更改脸书上的个人状态，并且他们采取了一星期内轮流的方法照看他们的儿子。

安娜喜欢在网上寻找处理分居的好建议，某天晚上在家时，她照例去浏览了她喜欢的“新家庭”网站[33]。她看到这个周末有个适合她参加的沙龙：离婚和新起点[34]。于是她马上给莉兹发了封邮件：

主题：“离婚和新起点”沙龙

我亲爱的莉兹，你好。

我刚刚发现了一个很适合我俩参加的沙龙！另外它是在这个周末举办的。我很想去参加。这个沙龙看上去组织得很好。我把它的链接放在下面了，你看一下：

http：//www.nouveaudepart.fr/

【32】此处的前夫只是为了适应中国人的习惯而叫的，事实上根据上下文的背景莉兹没有进行婚姻登记，而是签订的“同居协议”。此处的“同居协议”不同于国人观念中的“同居”。这是法国社会制定的一项特殊法律，这条法律使法国当今社会许多不愿结婚但又希望生活相对稳定的人可以享受大致与夫妻一样的权益，但又比婚姻更少束缚。

【33】“新家庭”网站：www.NewFamily,fr。

【34】在“离婚和新起点”沙龙中，您可以与那些离婚和分居人士组成的团体交流。

地点就在市中心的夏布雷展览馆。我们一起去，好吗？

如果你同意，我周六大概下午两点来接你。

亲吻你。

安娜

在莉兹家，她听到了她的手提电脑发出了“叮”的一声。她看了眼屏幕。是安娜的邮件。

她看了下邮件并且点开了链接：

新起点沙龙（关于离婚、分居和寡居）

离婚不再意味着失败而是意味着第二次机会，这是一次重生的新机。离婚不是意味着一切结束，而是意味着一段新的开始。机会俯拾皆是。

在本沙龙上，您可以获得一切有用的建议（律师、调解人、公证人、心理咨询师、不动产中介、旅行社、康复俱乐部、私家侦探、健身教练以及美容院等）……帮助你尽早走出分离的阴影。

“也只有安娜会对这种活动感兴趣。这些不过是以幸福为幌子的噱头，不过应该有点意思。”莉兹自言自语地说着，并且用短信回复了安娜：“那就说好了周六下午两点，回见。”

周六下午两点，安娜准时在她的宝马Mini车中等她的好友。

“你好啊，美女！近来如何？准备好开始新的起点了吗？”

“说实话我对这个真的不太感兴趣。我只是陪你去的。”

“我相信到了那里你一定会有新发现。那边甚至还有量身定制的法律建议。”

两个好朋友一起走进了都是离异人士的大厅：在这里的气氛是不许消沉，只许幸福。安娜和莉兹，她们将成为“赢家”，而不是“败者”。

安娜在接待处拿了一份讲座日程安排。

“看这个，这个看上去真的不错！”安娜兴奋地用手指指着，“《人际营销——拓展人脉并且为新起点制订一个计划》，这个5分钟后就开始了。我们去吧？“

“我可不想立马坐下来。有没有迟一点的讲座呢？”

莉兹看了看日程计划：

11点：《单亲母亲——如何保证您的资源》

“唉！可惜是今天早上的。”莉兹说道。

14点15分：《离婚、过世：怎样为配偶关系的中断做好事先准备？》

“没意思。”

15点：《整形手术在形象重塑中的地位》

“不感兴趣！”

16点30分：《如何找到意中人？必须自问的五个问题》

“啊，这个好！这个听上去不错，你有兴趣吗？你有兴趣？那这样吧，我们先逛一会，然后过去。”

在D通道上，莉兹走近了一个写着“让我们感受美好——成为你自己人生的教练”的展台。于贝尔——专业的“个人发展教练”满怀笑容地接待了她。他的脸如同杂志上的封面人物般权威，而且他的话语是那么的具有鼓动力，让人不得不信：

“你知道Feeling Image的心理指导方法吗，Feeling Image就是不断暗示自己‘我感觉良好并且这种改变可以看得见’。”

“我没听说过，愿闻其详。”

“这个方法可以帮助你克服分手的痛楚。”

“我最近这段时间一直在自省分开的原因，而且有时候我也会感到后悔。”

教练用分数计算的方法对她的情况进行了分析并且向她保证：

“一定会有解决的办法的。”

那么究竟是什么样的解决办法呢？不能因为问题是相似的，解决方法就一概而论吧。莉兹很想这样反驳她。但是她说出口的却是：

“分离总是痛苦的。你不觉得吗？”

“不完全是这样的……我们这里交流的更多的是关于分离后的‘新起点’。我们的主题是——陪伴你重生。”

“这样说来你们是不是该在展台上放只袋鼠啊！”

“您说什么？……哈哈哈！您真幽默！”

安娜在远处叫她。莉兹欠身向教练道别后过去找她。

在离某个展台十米的地方，莉兹被一阵燃香的味道吸引了。这个展台上放了一尊塑料做的黑色佛像，下面被几丛翠竹簇拥着，展台上还撒了一些碧玺石[35]。这是一个关于风水的展台。安娜正和一个中

【35】这种石头在水晶石治疗法中用得很多，这种石头据说能够驱避身边的阴晦小人。并且将负能量导入地下。

国人热烈地交谈着。莉兹于是向另一个中国人友好地询问：

“这风水和离婚有什么关系呢？”

“它们之间没有直接的联系，但是当您离婚的时候您的能量从某种意义上来说就失衡了。”

“是吗？那能恢复吗？”

“当然了。我们会为您制定一个个性化的治疗方案，这个方案的原理是中国流传了几千年的能量理论。”

“有用吗？”

“当然了，它是一种真正的精神力量，能够帮助您度过低潮并且重新获得和谐的生活。”

但是这个中国人还没来得及多说上几句，莉兹就被安娜连拉带拽地拖到了一个叫做“离婚派对”的展台前。

“我们不是该去听讲座了吗？”莉兹问道。

“是啊，但是这个更有意思。快拿本宣传册看看。”

让自己快乐，因为您值得拥有……置办一个离婚派对，享受最好的，告别最糟的。

安娜被这个广告词给吸引了，她迫不及待地冲到了展台主持人面前：

“请问，这个离婚派对具体是怎么回事？”

“离婚派对是为了庆祝您的离婚并且纪念您的人生从此展开了崭新的一页。您离婚了吗？”

“正在办手续。”

“哦，是这样，我这样问是因为选日子是十分重要的。”

“那么具体是怎么操办的呢？”

“这个完全取决于您。根据您的预算、您邀请的客人以及您的偏好，我们会为你组织一个成功的派对。”

“如果我希望与众不同一点呢？”

“在这种情况下，我们通常会在离婚签字仪式之后组织一个庆典，庆祝您重回单身并且为您戴上“离婚快乐”的勋章。要不您花点时间看看我们的手册。我给您倒点饮料，您要咖啡还是茶？”

“请给我一杯咖啡。”

安娜和莉兹就坐了下来埋头研究“离婚派对”的图册。

恶搞婚礼的离婚派对

整个派对是由一个司仪主持的。在走调的婚礼进行曲中，他会为“离人”戴上“离婚快乐”的徽章，读一小段离婚誓词，然后宣布双方“回到单身”。

接下去放纸花炮和抛花束。“真的是完全和婚礼反着来。”38岁的伊萨贝拉就体验了一次这样的离婚派对。

派对前期的准备工作也和婚礼完全一样：邮寄请帖，邀请见证人。

但是神奇的是，这样的仪式使离婚看上去不再是一件惨淡的事了。

看明白了吗？以前离婚是一种失败。现在，离婚是一次机会。所以得庆祝一下，不是吗？

一切皆可分享

“只有罪犯才需要去操心个人隐私保护。”谷歌的老板艾瑞克·施密特在2009年12月CNBC的一个采访中[36]曾这样说道。

但是现在不管是罪犯，还是我们这些普通人当中还习惯保有一点个人隐私的人已经习惯于生活在团体中。娜迪亚就是个例子，她是“精神病小组”的成员，这是由鲁昂高商学生会的几个朋友组成的小团体，她就生活于这个团队之中，当然这种团队生活不同于群居式的集体生活，而是通过Gmail、Gtalk、Google Doc和Google Agenda等谷歌应用来维系的……

目前，“精神病小组”正在筹划一项活动。佛洛朗的生日快到到。10月底他就要远赴中国上海工作了。现在已经是9月中了……得抓紧！得为他组织个活动！

但是没有人出来牵头。时间过得很快。最后佛洛朗的室友欧西亚娜决定站出来做牵头人。她首先把朋友们的Google日程表都看了一遍，以便找出一个大家都有空的日子。

29岁的阿丽娜的行程单上排着她周六约了卡西亚喝茶，周三晚上要去上戏剧课，星期五早上则有一个评估会面。两年前，如果你打听

【36】以下是艾瑞克·施密特在采访中的建议：“如果你有什么事是不想让任何人知道的，那么当初你就不应该去做。”

阿丽娜的行程，对于她来说就是干涉其私人时间，甚至就像是把手伸到了她的手提包内乱翻。但是现在她的个人行程对她所有的谷歌上的朋友都是公开的。Google Agenda（谷歌日程）就像是一个日程公告栏。“精神病小组”的14个成员都在谷歌上面发布自己的日程。

对了，除了娜迪亚，她总是小心翼翼地守着自己的秘密“黑匣子”。另外那13个，即使没有人要求他们，也会自觉地把自己的时间安排公布在日程上。他们是Y一代的一部分，已经习惯了透明的生活，这一代人是上世纪70年代末到90年代中伴随着网络的发展而诞生的。Y一代的人做事从来不会多问：只要“有意思”、大家都在做并且上手快，那么他们会马上跟风尝试。

欧西亚娜看了看12个成员的日程安排，看起来10月份第一个和第二个周末是大家都比较有空的日子。为了防止选好日子之后有人提出反对，欧西亚娜使用了一项小应用Doodle对大家有空的日子做了个小小的问卷调查。正是靠了这项小应用，她对每个人哪个日子有空有了大致的了解，从而选了四个日子并且征求大家的意见。征求意见的结果如下：

佛洛朗的生日派对

“请挑选您有空的日子”

	2010年10月			
	2号周五	3号周六	9号周五	10号周六
莉兹	OK		OK	OK
卡洛	OK	OK	OK	OK
格雷戈		OK	OK	OK
卡德尔			OK	OK
马由				
娜迪亚	OK	OK	OK	
马特				
卢铎	OK	OK		
皮富	OK	OK	OK	OK
阿丽娜	OK			
埃莱娜			OK	OK
以瑟特			OK	OK
欧西亚娜			OK	OK
小计	**6**	**5**	**9**	**8**

每个人都轮流打钩选择。由于9号周五选的人最多，有9个人选，所以最终定了那一天。然后是关于礼物的选择，为此欧西亚娜创建了一个主题为“佛洛朗的践行礼物和生日派对”的讨论小组，她给小组的每个成员都发了如下的邮件：

娜迪亚<Nadia-terviller@gmail>；卡洛<caro-gorille@gmail>；皮富<Pierre-Philippe@gmail>；卡德尔<Kader.xxx@gmail>；马由<mahedine-xxx@gmail>；以瑟特<Iseult623@gmail>；格雷戈<Greg-ory-toupet@gmail>；卢铎<ludovic-michal@gmail>；阿丽娜<Aline-

xxx@gmail>；欧西亚娜<Océaneoff-xxx@gmail>；莉兹<lize-Mado@gmail>；马特<Mathieu-damon@gmail>；埃莱娜<Inaho@gmail.com>

主题：佛洛朗的践行礼物和生日

Hello!

日子最后定为9号。大家都同意了。但是准备什么礼物呢？你们谁有什么主意？我不知道他有什么想要的礼物，如果没有的话，我们大家送他一个有意义的东西吧。

盼复!

欧西亚娜

完全是透明的。任何一封这个邮件的回复都是对所有人可见的。

埃莱娜提议“买个冰淇林机，但是怕行李箱里面塞不下。”

欧西亚娜觉得佛洛朗“大概不会喜欢这类适合家庭主妇的礼物:-)”，并且觉得最好选一件“能够让他在不友好的中国人[37]中生存下来的礼物”。

以瑟特建议欧西亚娜去翻翻佛洛朗公寓电脑中的记录。“这样你就知道他的喜好是什么了！”但是欧西亚娜可没有头脑发热：“:-o　这个绝对不行，你是不是还希望我去翻一下他的抽屉？”

马特提出“送他一张我的照片”，缓和了一下气氛，而格雷戈则开玩笑地建议“送他一把大砍刀”。

马由把前面的提议梳理了一下，提出“给他在米其林星级餐厅订一个两人晚餐”，最好“再给他安排一个女伴”。

【37】这里是开玩笑的语气。

但是卢铎认为“如果给他安排一个女伴的话，剩下的预算估计只能买一个麦当劳的汉堡了”。

马由反驳说：“如果只是安排一个女伴的话（只要要求不是太高），剩下的预算应该可以买不止一个汉堡:-D。”

莉兹建议“送他喜欢吃的东西（例如一瓶好的红酒或者顶级饼屋的马卡龙小甜饼），并且等他启程一个或者两个月后用邮包发过去，这样他在中国就不用整天吃面条了:->”。

格雷戈建议还是送个比较实际的礼物，他提议“从学生年鉴中以及佛洛朗和朋友一起的照片中选一些照片，做一本纸质的影集给他。”但是他也不是很确定，补充道：“我不知道我有没有说清楚我的意思。你们怎么看？”

这个“很清楚”，并且是个“好主意”，但是首先“时间上来不及”而且“不清楚他是不是有兴趣看这些伙伴的老脸！:-)，”其他的人回答道。

卡德尔提醒大家：“不管怎么说，只剩下36个小时准备礼物了，即使杰克·鲍尔【38】可以在这段时间内拯救地球6次，这个时间也不算多了。”由于卡德尔的提醒，大家都不再兜来兜去原地绕圈子了，最后一致决定送他一个苹果iPod音乐播放器。

欧西亚娜买了礼物，并且先垫付了钱。她通知了每个人：

给佛洛朗的礼物已经买好了。因为我们当初看的套装里面只有一个基本的主机，所以我买了下面的东西：

- 一个16G的iPod nano；
- 一个iPod nano的配件套装。

【38】杰克·鲍尔：热门美剧《24小时》的主角，是反恐精英。

总共花了143欧元。

欧西亚娜

马特说"好！"，皮富说"酷！"。

马由提出用Google Doc应用[39]来记账。

欧西亚娜对这个提议很满意，她对马由说："你在合作方面的创意每次都能让我大吃一惊！"

"我是天才！"马由回答道，显然欧西亚娜赞同这个提议他也很高兴，"我今晚会做好这个文件，稍后会把链接发给大家。"

卡德尔为了讨好欧西亚娜，也提出了建议："嘿，我可以用AMOA[40]来做账簿。我很擅长用这个表格。:-D "

马由做好了表格。这个表格共有四列：姓名、是否出席、出钱份额和备注。欧西亚娜贡献出了她的银行账号来集中款项。她太了解"精神病小组"的成员了，个个都有自己想法，要是不约束着点，早就不知道散到哪里去了。

【39】Google上的在线文档，所有的指定用户都可以远程读取并且修改文档。

【40】AMOA：建筑领域使用的业主项目管理助手软件。通常里面有一个业主（项目的决策人和领导人），业主助手（协助业主）以及项目实施人（实行项目的人）。

“我必须给他打个电话”

斯坦尼斯拉、拉法埃尔和洛朗是三个老朋友，他们都毕业于巴黎政治学院97届。他们之间互称为“铁三角”。

但是目前洛朗的境况不太好。因此，当斯坦尼斯拉和拉法埃尔在位于拉德芳斯商务区四季酒店商务中心一楼的日本餐厅武士餐厅用餐时，他们的话题不可避免地谈到了他们倒霉的兄弟。

“你最近见过洛朗吗？”拉法埃尔问道。

“没有，但是我从他弟弟那边听到了不少关于他的消息。”

“怎么样？他重新上班了？”

“没有，我想他现在一直还在领失业保险。”

“我必须给他打个电话。但是这个星期，我实在是抽不出时间。”

“是啊，我也想给他打个电话，我也忙得不可开交，但是我必须找个时间直接给他打个电话。”

“直接”打个电话？那么什么是不直接打电话？一条短信、一通电话留言，还是一封电子邮件外加一条短信通知……总之是所有一切避免直接对话的联系方式。

在吃完了绿茶烧烤串之后，斯塔尼斯拉和拉法埃尔起身分道扬镳。他们都想问候一下洛朗。在穿过广场的时候，斯塔尼斯拉决定给老朋友发个短信：

“你好，洛朗！一切都好吧！最近这段时间疏于联络，万分抱歉。之前一直太忙了，最近也还是很忙。拥抱你。”

至于拉法埃尔，就更忙了。在他投入管理委员会的工作之前，他在洛朗的脸书主页上给他留了言：

拉法埃尔·索立科 洛朗，最近在忙什么？我们一定得凑个时间一起吃顿饭！

今天 14：10 **喜欢** **评论**

一星期过去了，拉法埃尔的留言一直没有回复，于是他给斯坦尼斯拉打了个电话：

“你好，斯坦。我不会打扰你很久。我打电话过来就是想问问你有没有洛朗的消息？”

“我给他发了条短信，但是他没有回复我。你呢，你有他消息吗？”

“毫无音讯！我在他的脸书主页上留言了。但是也是没有回复！他应该给我们个回应啊！”

“是啊，但是现在估计他也没有这么多精力吧！……”

“但是，这不是理由啊！难道与世隔绝就能解决一切问题！”

“你说得有道理，但是我们应该主动联系他！”斯坦尼斯拉说道。

“那就打电话给他吧！”

应该打电话给他，完全同意。但是这个礼拜估计斯塔尼斯拉是打不了了，一大堆的工作等着去做，周末还要参加一个婚礼。那下周呢？更不可能了，他要出差。所以这个电话得推到第41周了。这离上次说直接打电话给洛朗已经有段时间了。

在等洛朗回复期间，斯坦尼斯拉会经常去查看洛朗的脸书，看看能得到什么消息。但是他最后一次更新，是一个月前上传的甘斯布[41]的一首歌的视频。之后就再无消息了。他被从游戏中踢了出来，并且状态也很久没有更新了。唯一一条和他相关的消息来自于他兄弟巴斯勒的状态：

巴斯勒·吉东　很高兴在这个周末和他的兄弟重聚了。

9月18日　17：03　喜欢　评论

这条消息是一星期之前的。在此期间他们肯定碰过面。于是在吃中饭的时候斯坦尼斯拉给巴斯勒打了个电话。经过三言两语的寒暄之后，斯坦尼斯拉进入了正题：

"说起来，我现在最担心的是你哥哥。这个周末你和他见面的时候，他精神可好？"

"现在精神肯定不好。他把自己封闭起来了。"

"是吗？这么严重啊？"

"是啊，现在对他来说是个十分困难的阶段。他需要你们的支持。过来看看他吧，他会很高兴的。"

"是啊，我肯定要去看看他的。但是现在我实在忙得脱不开身，而且我也联系不到他。"

但是实际上这仅仅是斯坦尼斯拉的客套话，因为他一次也没有拿

【41】甘斯布（Serge. Gainsbourg）：1928.4.2-1991.3.3 法国著名艺术家，他是歌手，同时也是作曲家、音乐家、作家、演员、导演，甚至是画家。他身上荟萃了诗人的气质以及法国人的幽默，是法国音乐界教父式的人物，具有法国猫王之称。她的妻子简·伯金也是著名的歌手，值得一提的是著名奢侈品牌爱马仕的铂金包是以其妻子命名的。

起电话打给洛朗……尽管他早在三个星期前就说要打电话给他。

但是，今天和弟弟的通话使他开始担心了。他必须行动起来，最迟明天一定得打电话给洛朗。

第二天上班，当他在咖啡机旁喝咖啡时，斯坦尼斯拉收到了法国移动公司发来的手机信息：

罗拉·斯美特[42]企图自杀后被送往医院救治，详情请点击链接。

斯坦尼斯拉没有点开链接，但是他不禁联想到了洛朗。这条短信仿佛是老天爷的暗示。如果他的好兄弟也做出这样的傻事……他可不能置身事外。所以，他立刻有了拨打电话的勇气。他点击了电话本中“洛朗”的名字，号码拨了出去。他总算直接给他打电话了。电话响了一声、两声、三声。然后自动转为了电话留言，斯坦尼斯拉留了言。

“洛朗，你好！我是斯坦。呃……我打电话给你是想知道你最近一切可好……呃，另外我待会再打给你……你如果愿意的话，也可以打给我……不过下午我要开会，手机会关机。不管发生了什么，我们都得通个话、见个面。实在不行，我今天晚上再打给你……”

但是到了晚上，斯坦尼斯拉却不太想给洛朗打过去了。时间问题。现在是晚上8点，他9点还有戏剧课。不过上课时间不长。要不上完课再打吧。

【42】罗拉·斯美特（Laura．Smet）：1983.11.15—　，法国电影女演员，法国摇滚巨星约翰尼·哈里戴（Johnny Hallyday）和女星娜塔莉•拜尔（Natalie．Baye）之女。

但是他估计失误了。等他回到家的时候已经晚上11点半了，没有精力再打电话了。并且他还得养足精神准备明天的演讲。况且一旦和洛朗通上话，不知道会讲多久……

第二天，斯坦尼斯拉是在机场给洛朗打电话的：就在登记和登机之间短短的几分钟。这次洛朗接了电话。

“你好，洛朗，我快登机了，给你打个电话问问近况。你要不要来看里昂队VS皇家马德里队的足球赛？一起的有斯蒂芬、马可·波罗的朋友和我。”

“呃……好的呀。你们约了哪里见面？”

“就是我们经常见面的那个小酒吧，就在地铁奥贝肯夫站的出口，晚上8点15分。我要登机了，回聊。”

这个电话总算打了。可是只是一通电话这么简单？答案显然是否定的，直接打一通电话从来没有像今天这么复杂过。因此，我们在出租车上、地铁内或者在电影开场前见缝插针地打电话。直接通话是在时间漏洞中一闪而过的奢侈品。

生日日历

4月9日是马克的生日。他过30岁生日那年，女朋友玛丽为他准备了一份小小的惊喜。她给马克的每一个朋友都打了电话并且发了短信。生日那天晚上8点10份，他刚开钥匙进门就听到一阵欢呼："生日快乐，马克！！！生日快乐！！！"马克吃惊地掩住了嘴："哦，天啊！我简直不敢相信！"（事实上，他在撒谎。因为今天早上他出门时玛丽再三向他确认他下班后是不是要去打壁球的时候，他就已经有所察觉了）然后灯熄灭了，玛丽端出了一个由30个马卡龙小甜饼[43]堆成的蛋糕……停！我们就此打住。你们懂的，这些都是老古董的做法了。

今年，马克32岁的生日就快到了。

在他生日前的一星期，玛丽在泡茶的时候问他："今年生日想要怎么庆祝？"

"我不知道……32岁，也没有什么特别的。我不想劳烦我那帮哥们给我庆祝了。"

"你确定？"

"是的，而且那天还是礼拜一。"

是马克变低调了？当然不是，因为他知道，即使自己什么都不

【43】马卡龙小甜饼：法文macaron，杏仁小圆饼，由两片小圆饼夹在一起做成，中间有馅料，口味很多，颜色丰富，是风靡世界的甜品。

做，还是会有十来个朋友为其祝福。这可不是玛丽的功劳。而是他发现了一个功能更强大的东西——生日日历，这项应用可以自动向所有脸书上的朋友发送生日提醒。在他生日前的7天，所有脸书上的联系人都将收到下面这条消息：

本周生日：马克·米若纽　4月9日周四，32岁生日。

到了4月9日这一天，脸书又会第一时间自动向这些联系人发送消息：

马克又添一岁，向他说声生日快乐吧。

生日这天一早，马克一到办公室就去查看自己的私人邮箱：已经有10条来自于脸书的消息了。全是关于生日的。他的主页留言板上都是生日祝福。亚历克斯："你好，马克，生日快乐。"凯瑟琳："亲爱的马克生日快乐，祝你一切顺利。"劳拉："生日快乐，回见……"

利思亚："祝你生日快乐，祝你生日快乐！这条祝福没什么特别，但是我想亲口唱给你;-)【44】"阿芭妮给他发了一个很可爱的电子贺卡，是一只小鹿手捧爱心。看到这些，马克感动得想爆泪。

但是正事还是得干，马克于是开始工作。可是他还是时不时会去登录一下脸书，看看有谁给他送生日祝福。11点12分，桑德林发来祝福："生日快乐，先生！回见……"

"桑德林，桑德林，是谁呢？"马克点开了她的个人资料，"应该认识……但是我是哪里认识她的呢？"他开始浏览她的相册，突然一张她在海滩边晒太阳的照片扣动了他记忆的扳机。"啊~，我记起来了，

【44】全书中均为发短信常用的笑脸标记。

我们两年前曾在迈阿密海滩见过。”之后两人就再也没有联系过了，没想到今天她居然给他送来生日祝福。不过马克更希望这条祝福是用邮件发送的，而不是在留言板上，因为玛丽肯定会就此盘问她是从哪冒出来的……

从下午4点开始，留言的数量开始变少了。脸书上的大部分联系人都已经发送了“生日快乐”的祝福。马克对留言板上的21条留言看了又看，认真程度仿佛这些留言是用金子铸成。有些留言是调侃的：“生日快乐，你这个混球……”这是弗兰克的留言。有些则很平淡，例如鲁道夫的留言：“生日快乐，马克。”不要以为这些留言能够反映他们的亲疏远近，事实上弗兰克只是一个前同事，而鲁道夫却是他最好的朋友之一。有时候就是这样，关系较远的留言反而显得很亲昵。这或许是一种填补距离的方式……“你~~~~~好~~~~~~~~~呀！老兄。”这条留言来自一个他父母朋友的儿子，而这个人他从来就看不惯。“天哪，我都不知道原来你已经这么老了！太酷了，你现在变成真正的男人了！”留言的是马迪尔，文科预备班【45】一年级时的同学，如今也只是在脸书上偶尔碰碰面。

在离开办公室之前，马克看了下留言的总数：30条。目标：在12点敲响之前达到45条。

马克回到家的时候，发现玛丽为他准备了一个小小的烛光晚餐。海鲜大虾、烟熏三文鱼、勃艮第白葡萄酒以及插了32根蜡烛的生日蛋

【45】法国学制中的大学预科班。

糕。晚餐是精心准备的。玛丽还穿上紧身的性感小黑裙，接下来就自然而然应该去卧室了，但是马克还是被黏在客厅的电脑前不肯起身，在电脑里他的生日正以热闹的方式被庆祝。

他的中学同学兼红颜知己法妮怪声怪气地向他提供健康建议："好好享受啊，要保重。"有些人听说了他的生日，例如他的前同事拿瑟，于是"顺便"送上祝福："生日快乐，马克！我希望你一切顺利；）下次见啊:）"还有一些人则约他见面，例如安东尼："生日快乐！我们下次凑个时间一起去喝一杯吧！亲吻你。"

"你还在电脑面前磨蹭什么，要不要过来啊？"玛丽已经在卧室不耐烦地抱怨了。

"来的，来的，我在查个东西，马上就来！"

马克对每个留言的人表示了感谢，并且对每条信息都按了"喜欢"功能键。这个操作很快很方便，不用多想，而且也不会引起朋友之间的嫉妒。

玛丽不耐烦地起身问道：

"到底怎么回事！？你还来不来？"

"我来了……"

马克重新看了一下留言的名单，并且看了下手机短信：他的发小西尔万没有任何留言。

"西尔万一点表示都没有。"马克叹了口气躺到了床上。

"再等等，今天还没结束呢。"

“看看现在几点，他肯定把我给忘了。”

“大不了他明天会打给你的。算了，快睡吧！”

早上醒来，马克坐在一杯热腾腾的咖啡前，做了一个快速的总结：32岁，39个主页留言、4条短信（哥哥、继父、堂妹以及玛丽的朋友莉迪亚）……以及孤零零的3通电话（妈妈、爸爸以及鲁道夫——唯一一个不仅留言而且打了电话的朋友）。等他到了办公室，他还是时不时地查看一下自己的脸书主页，但是所有的祝贺到此为止了。所有的人都去忙别的事了。他只是碰到了几个迟到者。

这里面有凡妮莎，他的好友之一，每年她的生日祝福都是迟到的。

凡妮莎·吉东：生日快乐，马克！！送上迟到的祝福……我还以为是周三呢，现在突然想起来了……

2010年4月10日，11：12　**喜欢　评论**

还有他的堂兄洛朗。

洛朗·布朗：生日快乐，堂弟！我昨天没有上线，所以祝福迟到了，万分抱歉，还是要对你说一声生日快乐……

2010年4月10日，15：20　**喜欢　评论**

最后留言的是西尔万，他一直在等的“西尔万”：

西尔万·博奈：我的马克，生日快乐，迟了一天，真是万分抱歉。我昨天没上脸书。找个时间碰面。

2010年4月10日，17：17　**喜欢　评论**

这样的解释合情合理，可以接受。脸书能够代替你思考，能够为你管理友情。如果一天不上脸书，你的社交关系可能就会陷入困境。

但是，即使你天天上脸书，你的社交关系也可能陷入困境，你可能会碰到“假生日”的情况！如果某个用户在填写用户资料时用了假的生日，那么就会有一些人在假生日当天不合时宜地送去祝福。这也是一个鉴别“真假朋友”的好办法……

网上的幸福生活

在电视上看完最新一集的美剧《迷失》，然后躺在沙发上一边吃鸡肉卷一边上网，生活是多么的惬意！

现在只要有一台可以上网的电脑，即使你一个人在家足不出户，也能进行社会交际。你甚至可以一边上网和人聊天一边肆无忌惮地嚼着薯条。

这个星期四晚上，凯希娅实在懒得出门，但是自己一个人待着又很没意思。在办公室度过了漫长的一天之后，她回到了自己位于奥贝坎夫街的32平方米小窝。湿毛巾还在地毯上，窗帘拉开着，床也还没有铺好。昨天晚上她宿醉了……但是比起收拾眼前的这个烂摊子，她更愿意打开电视机前茶几上的电脑。

在等待电脑开机加载的时间内，凯希娅把脱下的高跟鞋摔在了地毯上，打开了i>tele新闻频道【46】，并且随即躺倒在沙发上。电视上是关于智利矿工的卫星转播画面。画面下方是滚动的字幕新闻：在足球甲级联赛中，马赛OM队3比1踢赢了里尔队；日经指数跌了1.17%；南美伯利兹的理查飓风造成的遇难人数已经上升到了17人。这些新闻滚动播出着，凯希娅同时查看脸书上的新闻。她将笔记本电脑放在膝盖上，查看朋友们在脸书上的最新动态。

【46】i>tele是一个免费的法语新闻公共频道，它24小时不间断报道法国以及世界的各种新闻事件，是法国排名第二的新闻频道。

西塞儿·克莱沃收获了一个巨大的地瓜!!!!

一个小时前通过黑莓手机发布　**喜欢**　**评论**

凯希娅·罗诺喜欢这一条

露西·穆奇很高兴地向大家宣布她的儿子保罗出生了(重4.250公斤,身高51厘米)

2010年10月13日　10:42　**喜欢**　**评论**

凯希娅翻看了露西和她的宝宝在月子期间拍的照片。尽管照片上露西努力地摆出了像拉希达·达蒂[47]般的笑容,但还是疲态尽显。

除了脸书之外,凯希娅还开着另一个社交窗口:MSN。为了防止打扰,她将模式设为了隐身,她看了看有哪些人在线:奥尔嘉、玛丽安、乔治娜(3个好姐妹)、科让汀(表兄)、奥蒂尔(嫂子)以及伊戈(同事,勉强算得上是朋友)。看来要是凯希娅想聊天还是有不少人选的。

在MSN和脸书之间不停地切换之后,凯希娅还是回到脸书上查看朋友们最新的更新。她的好友茱莉刚更新了一条最新状态。

茱莉·佩林　卡姆登跳蚤市场、皮卡迪利广场、唐人街、波特贝罗市集、A&F商场,全是好地方!!!!

6分钟前通过iPhone发布　**喜欢**　**评论**

茱莉在伦敦,看来玩得很尽兴……凯希娅看了她上传的相册,并

【47】拉希达·达蒂:法国的美女司法部长,北非阿拉伯移民后代,是首位出任政府要职的穆斯林政治家。2009年她未婚生女引起了轰动,而孩子的父亲是谁,至今仍是一个谜。

且仔细地看了看茱莉在大本钟下拍的一张照片。然后她又回到了茱莉的主页，点开了由席琳分享的一个迪卡侬广告的视频……她不停地点击点击，但是从来不发表评论。

“砰”，屏幕的下方突然弹出了一个小气球。是莉娜上线了，这个女孩子是她在心理学杂志网站www.psychologies.com的“快乐单身”论坛结识的网友。

更响的一声“砰”！屏幕中间跳出了一个消息框，提示她电脑电池电量不足了。只剩下五分钟的时间了……凯希娅马上行动了起来，她把电脑放回了茶几，找到了地上的电源线，并且把电脑接上了电源。电视上突然响起了一阵掌声，凯希娅抬起了头。第21个矿工尤尼·巴利约被营救出来了。被救到了地面上之后，他从人群中认出了她的爱人并且痛哭着扑倒在了她的怀里。

一个小的对话框在屏幕上闪烁，有人发来了信息。

佛兰西斯科说：

晚上好，凯希娅。

佛兰西斯科说：

……不久前你是不是在休假？

糟了！凯希娅忘记将脸书的即时消息设置成隐身模式了。佛兰西斯科是她大学校友，上个礼拜六在奥尔嘉的迁新居派对上碰到了他。但是凯希娅实在不想和他说话。这样吧。他愿意怎么想就怎么想吧，凯希娅当着他的面把消息给关掉了。

奥尔嘉上线了！她至少还是个不错的聊天对象。

凯希娅说：

你好，美女！

奥尔嘉说：

你好啊。

凯希娅说：

最近如何？

奥尔嘉说：

别提了

凯希娅说：

？

奥尔嘉说：

我要撑死了……:)

凯希娅说：

嗯？

奥尔嘉说：

我刚吞下一个麦当劳汉堡

凯希娅说：

天哪:)

奥尔嘉说：

别说了……

凯希娅说：

你吃了很多？？

奥尔嘉说：

一个巨无霸+一个圣代……

凯希娅说：

:)

奥尔嘉说：

真是太饱了！我们明天一起去打肉毒素？

凯希娅说：

那明天再约！

奥尔嘉说：

好的，到时候见。

与此同时，卡萝——她相交十年的老友给她发了个振屏【48】，她的屏幕抖了一下。

卡萝说：

嗨，你在吗？

卡萝说：

？？？

卡萝说：

喂喂？:(((

凯希娅不作任何反应。卡萝又要来跟她诉苦了。虽然不理她显得她有点不太厚道，但是今晚她实在没有力气来倾听她和她男朋友雅尼那些鸡毛蒜皮的破事了。很烦人。真的。

【48】MSN聊天器的使用指南详细介绍了振屏的用处：“你的联系人是不是有时会在电脑前睡着而不回你的消息？请用振屏叫醒他（她）！

我们有时需要吸引联系人的注意力，尤其是当他长时间不回复时。但是有的时候发很多条信息并没有什么用处。幸亏MSN聊天器有个秘密武器，向你的联系人发送振屏，将他震醒！怎样做？你只要轻轻点击聊天窗口上的‘振屏’按钮，这样你的联系人就会看到他的MSN聊天窗口的振动，而且同时他还会收到一个提醒。”

卡萝说：

我知道你在线的！;)))

卡萝还是不依不饶，她对隐身这种伎俩很了解。凯希娅陷入了两难的境地。如果她继续回避，那么卡萝就会直接跟她打电话了。她选择跟她打个招呼，同时想出了一个可以尽早脱身的主意。

凯希娅说：

哈哈！我刚才在厨房……给自己弄点吃的。

卡萝说：

你做了什么吃的？

凯希娅说：

印度香米！

印度香米咖喱饭。凯希娅很喜欢吃的食物。但实际上，她却懒得开伙。厨房太远、地面太冰。缩在暖暖的被窝里，她实在懒得从沙发上起来。

但是肚子还是很饿，不得不去厨房。那就去去就来。凯希娅胡乱套上有史努比卡通头像的室内地板拖，冲到了厨房，在食品柜中翻倒一阵，找到了一包美国提子干。她冲回了沙发。仅仅五分钟后，这包提子干就吃完了。这值得在脸书上发布一下。

“砰！”还是卡萝：

卡萝说：

我倒是不饿。跟雅尼吵架气都气饱了:-(

卡萝说：

但是我还是很喜欢他！

凯希娅直接忽略了。她看到迪耶戈——他表兄的朋友，现在是她的朋友，刚刚在脸书上发布了一条链接。

迪耶戈·勒波特通过夏素拉·内布拉

来自于Xam's SUvimeo.com的Cosmotropia预告2

演出者：夏素拉　玛丽娜·德拉莫　音乐：马岱·苏士皮丽雅

图像/声音：瓦伦蒂娜·穆施

2分37秒。还好，不是很长。凯希娅点开了链接。在迷幻风的背景中，一个女人的黑发在风中飞扬、烈焰红唇、手臂轻舞、浅吟轻唱……

凯希娅立刻“喜欢[49]”上了这个视频，并且迫不及待地与奥尔嘉分享：

凯希娅说：

还在吗？给你听一段很好听的音乐！

奥尔嘉说：

把链接发过来

凯希娅说：

来自于Xam's SUvimeo.com的Cosmotropia预告2

奥尔嘉说：

我待会再去听，我先得去找点吃的东西，待会聊，我现在太饿了。

【49】点击了“喜欢”按钮。

饿？凯希娅也觉得自己有点饿得前胸贴后背了。赶紧去冰箱看看有什么吃的。鸡肉片、鳕鱼、菠菜、四季豆、成串的小番茄、意大利干酪、苹果……都是有营养的好食材，但是做菜实在是太麻烦了。

凯希娅拿了一个已经开封的生菜沙拉、一盒酸奶以及一听轻怡可乐。忘了拿小勺子了！当她转回身去拿勺子时，酸奶从她手上滑脱了。还好盒子没破。她把这些都放在电脑旁边，重新拿起了电视遥控器。她一个接一个地换频道，换到了音乐台。当凯希娅嚼着生菜叶子时，电视上老牌歌星菲利普·凯特林（Phillippe Katerine）正光着身子在沙滩上唱歌：

不，我再也不想上班了，
我快要断气了
不，我再也不想去超市了
我快要断气了
不　请让我
不　请让我
安静地吃我的香蕉！
不　请让我
不　请让我
安静地吃我的香蕉！

凯希娅也跟着唱起了高潮部分："请让我光着身子安静地在沙滩上吃我的香蕉"，她一边唱一边在MSN上给奥尔嘉发信息。

凯希娅说：

你吃完了？

凯希娅说：

我太喜欢音乐台现在在放的凯特林的歌了。

凯希娅说：

快去看吧。真的很~~有意思！

奥尔嘉说：

我家没电视

凯希娅说：

：-（

凯希娅说：

没关系，我把链接发给你；）

凯希娅说：

Http：//www.youtube.com/watch?v=h3ilLENI Qew&feature=related

奥尔嘉说：

谢谢

“砰！砰！”电脑的右下方气球不停地闪着。

卡萝说：

你在吗？

卡萝说：

:(

凯希娅不在，她在别处。她正一边机械地嚼着沙拉一边发着白日梦。少女的白日梦。她在脸书上许了个愿。

凯希娅·罗诺　我希望有个白马王子来将我劫走

10月13日　21：30　**喜欢　评论**

娜塔莉·迈尔梅喜欢这一条

娜塔莉·迈尔梅　我也是，我也是！！！所以请上天赐给我们两个擅长绑架的白马王子吧

10月13日　21：48　**喜欢**

戴安娜·康莫　姑娘们，醒醒吧！这世上是不存在的！！！而且真要是有，估计也是很烦人的……)

10月13日　21：53　**喜欢**

凯希娅·罗诺　这世上有白马王子的，你老公不就是个例子！：-)

10月13日　22：02　**喜欢**

戴安娜·康莫　这倒是，他真的接近我心目中的白马王子了，尽管他还不是尽善尽美，但是我喜欢的正是他的这些小缺点！！！：-)

10月13日　22：04　**喜欢**

凯希娅·罗诺　真羡慕你们啊！请你们一直这样相爱下去！

10月13日　22：13　**喜欢**

没有人敢告诉凯希娅真相：寻找理想男人是让你永远找不到他的最好办法。倒是娜塔莉曾经在《心理月刊》上读到过这样的一篇文章，说寻找白马王子实际上是一种严重的焦虑信号，必须首先摆正心态。但是从戴安娜的评论来看，她显然没有读过这篇文章：

戴安娜·康莫：亲爱的，等你有了男朋友之后，你会发现有时一

个人比两个人好！！！！在恋爱中我们割舍掉的很多，但是获得了多少却是很难知道的。但是只要你将自己打造成一个美丽的公主，那么我想你一定可以找到一个像《都铎王朝》男主角乔纳森·赖斯·梅耶一样的王子。你应该看了这部剧的……

10月13日　22：36　**喜欢**

凯希娅·罗诺　谢谢你的话，真是贴心啊！

10月13日　22：56　**喜欢**

有时候网上和朋友一起远距离聊聊天，确实能够慰籍心灵。但是“砰！砰！砰！”，“振动，振动，振动”，卡萝等得不耐烦了。

卡萝说：

！！！

凯希娅说：

在

凯希娅说：

我一直都在的！

卡萝说：

要不我打电话给你吧？打字很麻烦，还是打电话方便。我已经把你加为了我的无话费限制通话联系人;-)

凯希娅尤其不希望通话聊天。卡萝是个话唠，要是跟她将电话，陷入泥潭的风险很大。还是用MSN吧，至少这样她可以不时地制造一些紧急状况来脱身。

凯希娅说：

电话还是不打了，我还得准备明天的发言呢。

卡萝说：

你在工作上的投入还真是无止境啊！

凯希娅说：

不好意思啊，我先下了，我姐给我打电话……88

23点30分，总算安静下来了，聊天的人都去睡觉了，脸书上在线的人也越来越少。但是凯希娅还毫无睡意。她去了趟卫生间卸妆，然后还是回到了沙发上。这时候去床上躺着最好了，但是她还是无意起身。她找了个垫子放在脖子下，并且刷新了脸书的更新页面。没有什么多大的变化。朋友们都已经下线了，没有什么可以再八卦了。

为了不无所事事地待着，凯希娅重新把注意力投回了电视机。看部电影吧。应该不错……法国电视一台，《犯罪现场》，已经看过了。换台，《鉴证实录》，无聊。换台，《星期天之队》。兴趣缺缺。她把所有的频道都按了一遍。但是没有找到什么有意思的频道……她有了一个更好的主意：看佛朗索瓦给她下载的电影《负心汉》，佛朗索瓦是她比较喜欢的直接下属。看电影吧。

为了营造出电影院的气氛，凯希娅把台灯关了，点了一支香烟，并且把屏幕调成全屏模式。

她看这部电影只为了看男主角——罗曼·杜里斯，他真的是太帅了。他一边走在机场内一边向大家解释在恋爱关系中，“所有的女人都可以归纳为三类：幸福的女人、不幸福但却勇于承认的女人以及不幸福但却不肯承认的女人”。这部电影拍得真好。得把它介绍给姐妹们看看。于是她按了暂停。并且把iPhone靠近屏幕，录了一个片段。

凯希娅把这段视频放在了脸书上，并且表示十分喜欢这个视频。妮可——她前男友的朋友回复了这一条：

妮可·希罗　罗曼·杜里斯实在是太帅了！

今天　00：03　**喜欢**

只有这一个反应。这可不能使凯希娅满足。那么MSN上呢？大家都走了吗？“砰”！对了，还有卡萝！她最忠实的追随者上线了。这次凯希娅决定和她好好聊聊：

凯希娅说：

你还在啊！！！我刚准备完我的发言，你呢，跟你男朋友和好了？

卡萝说：

我试过了，但是他没有回复。这个懦夫。

她们聊啊聊、聊啊聊……聊了很长时间。卡萝一点都不困。她一旦聊上了，就对时间完全没有概念。而凯希娅却觉得头越来越重。

卡萝说：

你知道吗，我甚至怀疑世界上有没有好男人

卡萝说：

我还是有点相信这世上是有白马王子的

卡萝说：

有时候男人蠢得像猪

卡萝说：

……

卡萝说：

喂喂，你还在那吗？

已经过了凌晨两点了。凯希娅在沙发上睡着了。她的电脑朝她吹出一阵阵暖风，轻轻拂过她的脸庞……

蜜糖网上第一次

蜜糖网。3000万注册用户，50万付费用户。约会交友方式的全新改革，是当下寻找另一半的重要方式。

它的神奇之处在于你只要轻轻点击，就可以马上进入一个有很多单身人士资料的数据库。甚至像调查所说的“每天，397个美丽的相遇故事在蜜糖网上开始[50]”。

那麦克斯，你的相遇故事是怎样开始的呢？

目前，麦克斯还没有上蜜糖网，他正在自己家试图打开窗户，因为觉得有点闷。他的公寓看上去像是刚开过狂欢派对，一片狼藉，但是事实上没有。地上全是报纸，灰尘和睡裤散落各处，看得出家中很长一段时间没有女孩子到访了。麦克斯不想在家里守着电视或电脑。

他最好的朋友乔思林，一定愿意一起出去喝一杯。于是他给他打了电话：

“你好，老兄！要不要出去喝一杯？”

“我很想去啊，但是我要和蜜糖网的女网友见面。”

“又是！你还没厌倦！还是那个空姐吗？”

“不是的，这次是个32岁的古巴女人。你真该看看她的照片。”

【50】来源Ipsos调查：2008年根据在蜜糖网Meetic.fr注册的老用户找到男女朋友的比例计算出来的数据。该项调查是2009年2月28日面向1000名25岁以上的用户进行的，不包括他们在2008年重新注册的次数。

“啊哈，看来你很有收获啊！”

“只要跟我做，你也可以的！”

“算了，这个网站不是我的菜。我比较相信命运。”

“好吧，OK，那你经常被命运眷顾吗？”

事实上命运没怎么眷顾他，自从他和艾瑞卡——他在波哥大工作时认识的哥伦比亚女孩分手后，他就一直单身。而且一单就是两年……虽然分手后有好事的朋友一直在给他介绍女孩子，安排相亲晚餐，但是这从来没有成功过，倒是留下不少尴尬。最后他成为了那种一直在找女朋友但却一直找不到的人。

据说有25%的男人是在工作场所找到他的另一半的。但是这条路对麦克斯行不通。他在勒格朗电气公司担任贸易主管，而勒格朗公司简直就是个和尚庙。那些工程师和电气经销商人都很好，但是可惜都是男的。每次当有女人从办公室走廊经过时，那情景就像夏奇拉走过美国大兵的军营。

乔思林一直在向他推荐蜜糖网。但是麦克斯犹豫着，久久不敢跨出第一步。但是证据表明这个网站还挺管用的。例如：他的好朋友安娜和他老公就是在蜜糖网上认识的……

去试试吧！麦克斯决定上蜜糖网，但是“就是去看看”。Meeticfr……在首页上，他不得不注意到占了半个屏幕的一个女孩子的照片。这是一位年轻的金发女郎，穿着简洁大方，嘴唇轻微地半开。她的眼睛朝右看着。你看不出她是否在微笑。在照片下方，是一句粗体大写的标语：

该轮到您去实现您的美丽邂逅了！

这一点打动了麦克斯，他决定马上注册。于是他点开了注册页面，选择了一个个滚动条选项，并且逐个填写注册项。我是“寻找女伴的男人”，年纪在“25到35岁之间”。我的出生日期是“1975年5月2日”，我住在“法国”，邮编为“75015”。昵称：Corto99。（这个名字来源于他十分喜欢的漫画《七海游侠科尔多》的主人公Corto。他之所以在后面加了99是因为“Corto”这个昵称已经有人用了）设置密码。（这个我们就不告诉你了）他确认“已经成年并且接收网站的基本用户规定。”（但实际上他根本没有看基本用户规定）点击“免费注册”，注册完成。

当他点击完注册的时候，蜜糖网网站已经要求他将12条个人信息补充完整。这些信息在网站看来是“必须”的。对着这些补充信息，麦克斯决定听网站的话，将这些信息补充完整。你有小孩吗？你抽烟吗？你的婚姻状况？单身？已婚？已签订同居协议？异性恋？同性恋？你最鲜明的个性特点？你的职业？你的身高？你的外形？你头发的颜色？眼睛的颜色？你平时的娱乐活动？

这些问题的答案是已经在下拉菜单的选项内的。比如，关于娱乐活动麦克斯选了“电影”和“音乐会”。他都一五一十地照实回答了。这些答案应该还是不错的。他不抽烟、喝点小酒、没有孩子。麦克斯激活了他的账户。他的蜜糖网用户名：Corto99。

接下去他需要上传一张照片，“这是为了增加你的机会”来自于网站的建议，网站还建议可以使用电脑的摄像头进行拍摄。但是现在拍恐怕不合适：气色不佳、光线昏暗。要是拍了这样的照片恐怕不会有什么助益，他决定照片稍后再说。

麦克斯直接去看那些在线的女孩子。他对这些自己暴露在网上并且也能查看他档案的单身女孩子/女人们有一种奇怪的感觉。有24岁的金发美女，有47岁的灰头发熟女。Bbbrune、interlud、Laet-it-be、Jade、Chupachu……各种各样的网名，他注意到了一个网名为Lolo75的女孩子，她27岁、金发、1.70米、56公斤、巴黎11区、教师、无孩子，是个美女。他得和她聊聊。他点击了“聊天”按钮，一条信息跳了出来：

请订阅服务！

如果您想和Lolo75或者蜜糖网上的其他用户聊天，请选择下列一种订阅服务（……）

原来想要聊天，先得掏银行卡。在确定订阅哪种服务之前，麦克斯决定还是先把账户信息补充完整。

“我身上最吸引人的地方是什么？”他的前女友喜欢他的中长发，但是这个看上去不太有男子气概。麦克斯看了看自己的双手。通常女人都会关注男人的手，但是自己的手长得并不好看。麦克斯选了“最美的部分不在清单上”。这个听上去比较有诗意。

“我个性中最突出的？”“感性”，这个选项在下拉菜单中，而且比较经典。

“我的长相？”“看上去比较舒服。”

还有“对抽烟不反感”，“什么都吃”，爱好有“电脑游戏、电影、体育和冰激凌”。还有，他当然是“比较罗曼蒂克的”。

“对自己进行简短的评价？”这个有点烦。

麦克斯看了下自己的资料，看看能找出什么来，但是这个没有现成的答案。已经有不少人对他的档案感兴趣了，大概有十来个人。在他的站内短信箱里，都是下面这种看上去很诱人的消息："有一个用户对你的资料感兴趣。""网友Coquinette对你一见钟情。""网友Lilitta给你发了一条信息。""这个网站还真不错！"这个新手用户激动地感慨着。麦克斯不知道的是，蜜糖网会把新注册的用户的信息放在显眼的位置。对于新注册的女人，她们到处都可以看到他的账户在闪：电子报《有新的单身用户加入》以及首页的《欢迎新人加入》……

他电脑下方出现了一个小窗口！Lovelyrita正在查看你的资料信息！嗯！现在，这么快！？尽管他还没有放上照片，但是他觉得自己被赤裸裸地盯着。他点击了Lovelyrita的用户名，但是出现的是蜜糖网的缴费网页。

这么多的女孩子在等着他。这实在是个无法抵挡的诱惑。他掏出了银行卡为他的第一次注册付了款。30欧元，这钱在巴黎白天能吃两顿。他得省着点用。

麦克斯搓了搓手，喝了一口1664啤酒。Lovelyrita已经下线了。倒霉。每次只能和一个女孩子说话。他开始在脑子中酝酿该跟Lilitta说什么。他喝了第二口啤酒。但是在聊天之前，先得把照片搞定。

麦克斯不想使用他脸书账户上的照片。他不想让任何一个朋友知道他正在蜜糖网上搭讪女孩子。他选了另外一张照片，然后递交给了网站的管理员。

在等待审批的过程中，他想多了解一下Lilitta。根据她的自我描述，她是一个"优雅的年轻女性，希望能够遇到一个认真对待感情的绅士！”太好了！麦克斯觉得自己就很彬彬有礼并且待人亲切，而且这个女孩子的公告也让他很喜欢：

世界就是一个剧场，但是演出的剧目安排得不好。

“一见多情！”

这年头总是有些搭讪高手比其他人棋高一着，这些人对于如何把握每个步骤的节奏以及如何适时靠近技术的掌握，简直是职业选手级别的。如今，有了相亲网站，这种手段更加职业化，技术成为了唯一的筹码，那些外出猎艳者的前面是一条康庄大道。

你必须得是英俊的、有钱的并且聪明的，如果你谦虚，你就毫无机会。那么要怎么做呢：找个高手教你。

今天晚上是乔思林——一个 网聊、网恋“高手”，来指导他的菜鸟朋友麦克斯（两个月来只和12个女孩子讲过话，并且没有获得过一次约会）。

“来，让我们先看看你的账户。”

“你的用户名是什么？”

“Corto99。”

乔思林键入了用户名。麦克斯用手遮挡着键盘，输入了密码。然后页面调到了他的账户：

“天哪！这是谁的照片啊？”

“呃，当然是我的了。”

“你这张照片看上去有些阴郁。如果我是女孩子，我就直接把你淘汰了。你就没有好点的照片了？”

“呃，我得找找看。”

乔思林接着看他的资料。

“身高1米78？”

“是啊，这是我护照上的身高。”

“改成1米81。大部分的女人会直接把1米80以下的男人淘汰了。”

“但是只要一见面，那些女孩子就可以看出我骗她们了。”

“最重要的是获得约会的机会。见面之后，一切皆有可能。你可以穿上增高鞋去约会啊！”

麦克斯喜欢诚实。按照他的本性，在一群不认识的女生面前抛头露面对他来说已经是个很大的挑战了，更不用说撒谎了……

“把你爱好中的‘电子游戏’去掉，这个会让你看上去像宅男。你可以加上‘阅读’或者‘戏剧’。”

“你说得对，但是问题是我最近都不太看书……”

“谁在乎真假……最重要的是把你自己推销出去，我的兄弟啊！”

麦克斯不说话了，他什么也没改。乔思林叹了口气。

“你觉得怎么好就怎么弄吧，但是其他男的都会对他们的资料做润色的。如果你想以白马王子、绅士、谦虚并且诚实的形象出击，那么你肯定会空手而归的。”

乔思林去厨房找橄榄。等他回来的时候，他带来了一些小红肠以及两杯茴香酒：

“好吧，你是专家，我就按你说的做。”

“那我就现场演示给你看乔思林是怎样展开对话的？”

“好的，我准备好了。”

“开始了。我先用我的账户登录。如果用你的账户聊天我会很不自在的。”

“好吧。让我看看你填写的资料。”

乔思林输入了密码，他的账户资料出现了。

“你没有开玩笑吧。你这张照片是什么时候的？你大学时期的还是更早？”

乔思林大学毕业已经是很多年前了……他现在有点啤酒肚、油头粉面、头发有些灰白了。

“我跟你说过了，不能说实话。你还是集中注意力吧。”

乔思林已经建好了筛选标准：

25~35岁之间的女人，离巴黎第18区在10公里的路程内。点击“搜索”按钮，屏幕上出现了一大堆符合条件的女网友名字。总共7页，每页12个女孩子。也就是在这个周四晚上的21点22分，有72个符合条件女孩子登录了蜜糖网。

“你看这里。我会用较大的字号打字。然后要是我看到像这个网名为Choupine一样的尤物，我会点击上面。点击完成后，你可以直接给她发信息了。

“你不等她回复你吗?”

“不用等，我与此同时和另外一个聊天，省得等很久。记住，要采用广种薄收的战略。”

Choupine、Solannah、Manouille……在一分钟内，乔思林已经发了三条信息。三个鱼饵刚撒出去，他就已经把目标锁定下一个了，他刚刚发现了一个叫Nanoune的资料信息。

“你也要给Nanoune发一条短信吗？”

“是的，我最喜欢碧眼的棕发女子。而且她身材也很细长：1.69米的身高配56公斤的体重。这些条件都很好，不是吗？好了，开始！

乔思林又打了一遍他通常搭讪的第一句话：

晚上好，很高兴认识你。

“你给她写的和前面你给别人写的一样？”

“是啊，而且我一开始都会用很正式的口气跟女孩子说话，这样她们就会感觉被尊重。”

“这个好像算不上独特。”

“是不独特，只要能够显示出我有教养就够了。但是你知道吗，仅仅这样一个步骤，就已经把你和那些写字拼写错误百出并且没写两个词就用‘哈哈’的法国人区分开来了。”

“好吧，那她什么时候才会回复你？”

“她会先看一下你的照片、身高和体重。有可能会读一下你的公告。就这样。”

15分钟过去了，对于已经发的四条信息，乔思林一条回复都没有收到。

“看来不是很有效果嘛！”麦克斯调侃说。

“别心急，这个看运气的。有些人她虽然登录了，但是人可能不在电脑前。在等回复的时候，你可以看看那些没有照片的用户资料。”

“哦，没有照片的用户资料你也看的啊。”

“是的，这个也是很重要的。而且像这样的回复率更高，因为她们不会有那些放了照片的漂亮女孩子才有的小姐脾气。”

“那你不怕遇到恐龙吗？”

“有些没有照片的账户中也有美女的，她们可能比较低调一点。”

“哦，知道了，但是你还是会担点风险的。”

“不会的，因为一旦聊上天以后，我会马上要照片的。通常我会这样问：‘能不能麻烦你给我发张照片，这样我聊天的时候就能和人脸对上号！’”

一声“叮”。收到了一条新的消息：

“好了！有回复了。”

Choupine说：

晚上好。

“是Nanoune发来的？”

“不是，是Choupine！”

“让我看看她的资料！……看来，你的收获还不错。”

“我想说其实应该用“很好”来形容。这些女孩子有时行动很迅速的。”

乔思林开始了他的网聊。

晚上好。你上蜜糖网很久吗？

“我通常会以这样的话开头。这样可以缓和一下气氛。”乔思林向麦克斯解释。

Choupine说：

我是三年前注册的，后来就没有上了，一个月前我重新登录账户的。

Sensuel-A-320说：

那你遇到合适的人了吗？

Choupine说：

没啊，不然我也不会在这里了。

Sensuel-A-320说：

你是巴黎人？

“真有意思！”

“我通常会问那个女孩子是哪里人，就像刚才那样，如果她恰好提起跟她童年有关的事情，我就可以进一步进行感情攻势了。”

Choupine说：

不是，我是来自南部的阿维尼翁的，我三年前为了工作来到了巴黎。

Sensuel-A-320说：

我是马赛人，但是我住在巴黎，而且我曾经在委内瑞拉待了三年。

“你看，这样我就自然而然地提出我曾经在委内瑞拉的事，以展示我敢于冒险的一面。”

Choupine说：

哦，是吗？我一直都想去那里呢！

Sensuel-A-320说：

那你把行李准备好，我们明天就出发！

Choupine说：

哈哈！那当然好。不过在此之前我得先见见你。

与此同时，乔思林看见Solannah登录了。

“这一位，我觉得时机已经成熟了。我上个礼拜已经和她聊了两次了。……这是一种技术：你前一个晚上和她聊天，然后第二天晚上你要表现出“我很高兴认识你”的样子。然后，你要四到五天不理她，表现出你对她虽然有兴趣但是尚未着迷。第三次聊天的时候，你就可以提出线下见面了。”

Sensuel-A-320说：

你好，珊德拉。一切都好？

“十分重要的一点是：你一定要记住她的名字。你可以用笔记下来，或者用EXCEL做份表格，你可以选用你自己习惯的方式。但是最重要的是绝对不能忘记。

Solannah说：

一切都好，你呢？

Sensuel-A-320说：

满不错的，而且今天晚上又遇到你，我实在是太开心了。

“你看这里，你就可以开始邀约了。即使你身体不好，精神不振，你也要说自己一切都好，因为该发起攻击了。”

乔思林在Solannah，Choupine和Pupuce之间穿梭聊天。他从一个对话跳到另一个对话。他对Solannah说对她有感觉：

Sensuel-A-320说：

我不想在虚拟世界里浪费太多口舌。我希望我们能够尽快见面，看看双方是不是对彼此都有感觉。

“感觉其实随时都可以来电，可以一见多情。”

Solannah说：

我也是，我很相信感觉。

Sensuel-A-320说：

那我们要不这个周五晚上九点去哈瓦那咖啡馆喝一杯。

Solannah说：

好啊！

Sensuel-A-320说：

而且我预感我们之间一定会有很多共同话题。我现在不能跟你聊了，我把我的手机号码留给你：06 25 45 26 12。那我们就周五晚上见了。晚安，做个好梦……

Solannah说：

好的，06 21 52 65 21！我记下了。也祝你晚安;-)

“奶奶的！你效率真高啊，你！”

“我先抛出橄榄枝，我再建议约会。接下来要不就成功，要不就停止！但是你在聊天时不能用“如果你愿意”、“如果你有时间”、“我想请问你”……这样的句子。女孩子们大多数都比较被动的。

乔思林同时在和Pupuce、Choupien和Nanoune聊天，他完全投入，甚至没有时间来理会麦克斯。

“好吧，我先走了，乔思林。”

“行，记得把你最新的进度告诉我。”

乔思林甚至没有起身把朋友送到门口。

骑在公共自行车上的时候，麦克斯有点伤感。在高中时期，他才是那个有点神秘又充满优雅气息的男生，女生们纷纷为他倾倒。而不是乔思林这样巧言令色的家伙。但是按照他儿时伙伴在蜜糖上的心得来看，现在罗曼蒂克已经成了落伍的代名词。

别泄气，麦克斯！要是每个人都王婆卖瓜式地自我推销，那么相遇见面只会变成一场场的失望。那些能够使相遇有一个幸福结局[51]的人，往往是像你一样不会撒谎的老实人。

【51】唯一一个对网恋做过完整研究的是美国的社会学家艾娃·依鲁兹。她指出那些最有成果的网恋往往来自那些双方没有夸大自己，甚至反而有些贬低自己的网恋。这样的话，一旦在现实生活中碰面，就不会是“见光死”，反而对双方都是一种惊喜……

线下见面

让我们来回顾一下前情。麦克斯是单身，因此他一直在蜜糖网上努力寻觅。目前他还没有找到。由于他的好朋友乔思林已经对他进行过了“技术指导”，他就没有理由再找不到了，因为该掌握的技术他已经全部掌握了。

该轮到他上场了。

第一步：修改档案。从身高开始，他将自己的身高从1.78米改成了1.81米。关于体重，他倒是没有撒多少谎，他只是将腰围减小了一点，将体重减轻了4公斤。第二步：修改照片。乔思林说得对，原来的照片上他看上去没什么生气。花了很长时间将相册都翻了一遍之后，他总算找到了一张合适的照片。这张照片摄于一年前，照片上他笑容灿烂，摆的姿势看上去充满活力。

然后，麦克斯又重新读了一遍他的告示：

我是一个简单、绅士、真诚的男人，我想找到一个女孩，和她一起成长，一起构建我们的生活……我们可以一起分享美好的时光，我会待她如公主并且尽我最大的努力让她幸福。

太没劲了，一点吸引力都没有。麦克斯重新想到了乔思林的告示：

我是一个男性产品。

产品尚未成熟定型、没有用户指南、没有使用说明书……独一无

二的产品。

当你拿起这个产品的时候要当心，因为你购买这个产品的时候，你已经购买了这个产品的所有优点和缺点。

我会关注女朋友的是：

她必须十分注重感官营销！！；）

麦克斯决定照搬照抄，用招聘广告的形式写一份告示。他找出了招聘广告的范文，打算以此为基础修改。他将原来的告示删掉，重写，并且一段段地剪切修改。最后的结果如下：

充满活力的年轻单身男性，出生于1975年，住在巴黎，工作地点在拉德芳斯区，招聘一位年纪在30岁到50岁的单身女士。

该岗位可以最后转为长期合同，但是目前暂时采用临时合同，根据试用期结果确定是否转正。

要求应聘人的素质：耐心、生活方式健康平衡、对于未来有明确的追求、状况稳定。

要求应聘人具有的能力：懂得欣赏舞蹈、喜欢外出活动、喜欢骑自行车等运动并且有一手好厨艺。

报酬：底薪1001个吻，根据表现可以加薪。

要是有下列严重的错误可能导致开除：不遵守约定以及出现缺乏竞争力的表现。

请将您的简历和求职信发送到邮箱。所有应聘人的文件都将被仔细审查，如果没有收到回复就表明你已经被拒。

此致！

这样的一份告示，尽管照搬照抄，但是倒也独特。就是需要这样的告示。蜜糖网的女孩子们看到这样的告示应该会停下来看一下的。接下来麦克斯要做的，用乔思林的话说，就是使这些女孩子“对他产生感觉”。

自从换了新的告示之后，他账户的浏览量上升了。网名为Carpediem、Kikounette以及Ambre等等的女孩子纷纷上门……在和这些女孩子聊天的时候，他采用了乔思林教他的诀窍。他会以“你好，我很高兴认识你”开头，并且说“你上蜜糖网很久了吗？”而且他进行了广撒网的战术。

结果：现在有回音的比例已经达到了1∶4。真是一个很大的进步！斯蒂芬妮，一个浅栗色头发的美女主动来应聘了。麦克斯和她一起聊关于印度的事，印度的贱民体制、泰姬陵、恒河……斯蒂芬妮觉得“印度的民主化进程是不错的。他们还是有不少值得称道的地方”。

就像乔思林教他的那样，麦克斯选择了暂停，他不再和她讲话，并且决定明天继续。要学会吊吊她的胃口。然后他就要着手下个星期的事了。他向她提出下个周五晚上八点在卡里皮索咖啡馆见面。

“你得掌握主动权，要是等她主动提出的话，就什么都不会发生。”乔思林教他。麦克斯觉得这个太直接了，但是却十分有效。斯蒂芬妮也不是胆小鬼，她同意出来。

麦克斯还在一个叫卡曼的西班牙棕发女郎身上大量地开展了约会技巧，他跟她已经聊了快一个礼拜了。

Corto99说：

我想约你周六晚上七点在卡里皮索咖啡店见面。

卡曼说：

我觉得这样进度太快了，我觉得我们还应该再多了解一下对方。

时机不对。“没关系，得广撒网。”乔思林这样教他。

麦克斯换到了西尔维娅，她回复了他的打招呼。她是金发的科西嘉人。这可是很罕见的。麦克斯先从她的老家着手，他问：“你是哪里人？”她给他讲述了她童年在科西嘉岛的趣事，麦克斯以这个为突破口，成功地约到了她周六卡里皮索咖啡馆见面。太棒了！！！

周五晚上。大战来临之前。这是他第一次和蜜糖网上的女孩子见面（对象是斯蒂芬妮）。麦克斯套上了他的Diesel牛仔裤、设计精良的三宅一生的衬衫，擦得光亮的名牌Church皮鞋。他在镜子前喷了点Hugo Boss的香水。然后出门去赴卡里皮索咖啡馆的约会。

在地铁里，离见真人还有30分钟，麦克斯此时的心情十分复杂。他要和一个他几乎一无所知的女孩子见面了。他甚至不确定自己能不能把她认出来。还有待会聊什么？还是像网上一样聊印度旅游吗？

麦克斯加快了步伐。晚上8点，他准时到了卡里皮索咖啡屋，他开始辨认坐在露天咖啡座的女人们。但是没有一张脸孔是和他在蜜糖网上见到的照片对得上号的。他又回到室内的吧台转了一圈。但是也没有看到任何相似的人。在他的斜对面，他和一位年轻的棕发女子对上了视线。但是应该不是她。因为这是一个亚裔女孩……

时间在慢慢地过去。麦克斯觉得所有的人都在看他。他看了看手里一直不响的电话，时间显示：20点15分。啊！在咖啡馆尽头，有个长头发的棕发女子，看起来像在等什么人。

麦克斯向她走了过去：

“晚上好……请问……呃，你是斯蒂芬妮吗？”

“不是啊。”她很快否定了他。

“不好意思！我认错人了。”

麦克斯不知道该怎么办了。身材魁梧长着鹰钩鼻、秃头的侍应生看着这一幕，对他露出同情的目光。

20点30分。看来他是被放了鸽子了。但是斯蒂芬妮在网上聊天时看上去很真诚，现在看来她当时表现出来的“期待见面”的激动心情都只是假象。

20点40分。绝对是没有希望了。麦克斯乖乖地回家。她可能会发邮件过来解释。等他一回到家，他马上去上网。但是斯蒂芬妮既不在蜜糖网上也不在MSN上。于是他给她发了条信息：

今晚我在卡里皮索咖啡馆等你，但是你没来。你一定临时有事走不开吧。我希望不是什么严重的事情。此致。

第二天早上，他收到了Luciole-32发来的信息，这是斯蒂芬妮的网名。

昨晚真抱歉，但是临时发生了比较严重的事情。家里有亲人去世了。容后向你解释。此致。

从此之后他们再也没有聊了。

还好，麦克斯今晚在卡里皮索咖啡馆还有第二个约会，和西尔维娅的约会。同样的地点，差不多同样的时间……那么会不会同样又被放鸽子呢？

他觉得还是往好的方面想。她应该会来的。科西嘉人以守信而著称。而且从照片上看她比斯蒂芬妮更漂亮。所以他决定和他的朋友兼教练乔思林询问一下，他给他打了电话。

“你好，兄弟，最近如何？”乔思林接了电话，“你现在蜜糖网上的进展如何？”

“开始有成果了，我今晚约了一个叫西尔维娅的女孩子。”

“太好了！有成果啊。你约她在酒吧见面？”

“是的，在卡里皮索。”

“OK。给你最后一个建议：记得牵手的技巧。当你们谈话正热烈的时候，你可以一边看着她一边轻轻拉起她的手。然后就水到渠成了：脱掉扑倒！”

这个最后的建议让麦克斯有些不安。“什么时候才是伸手的好时机呢？要是她把手抽回，我怎么办？”

在去赴约之前，麦克斯在网上查了“牵手搭讪的技巧”。乔思林的这个技术有个专门的名字：kino。这是一种感官触摸的技巧，它可以建立起和女人的联系。整个过程称为kino攻略。这个过程是将亲密度慢慢从手上升到接吻，最后一个步骤被称为“接吻终结者”。而且这个过程当中要有进有退，这是由那句名言“我进她退，我退她进”衍生出来的。

麦克斯有点纠结，他设想了很多失败的场景。在《吸引的艺术》artdeseduire.com网站上，建议倒是十分明确的：“触碰她的手，轻轻抚过她的手臂、头发、肩膀。一定要自然并且随机应变！”

麦克斯20点02分的时候到了卡里皮索咖啡馆，他已经把kino的技巧牢牢地记在了脑子里。服务生认出了他，笑着跟他打了个招呼。麦克斯向四周环顾了一圈，西尔维娅不在。

20点12分，麦克斯犹豫着要不要走人。他不想像昨天一样一个人在这里瞎转悠。他坐到了吧台上并且点了一杯茴香酒。这时他的电话响了一声。是西尔维娅的短信：不好意思，我堵车了，大概10分钟后到。

太好了。这完全是写给朋友的口气。这或许是她特地用来消除见面尴尬的方法。

20点25分。西尔维娅还是没到。麦克斯有点坐不住了。

20点30分，他注意到街那头走过来一个金发的身影。嗒。嗒。嗒。她的高跟鞋敲在沥青路面上，尽管她走得很快，但是腰杆始终挺得很直，而且给人一种高傲的感觉。可能是她。真的是她。她远远地跟他打了招呼。等走到跟前，她跟他行了贴面礼并且微笑着解释：

“真的不好意思！在阿斯尼耶尔门那一带堵得一塌糊涂。”

“没关系。我收到你的短信了。”

麦克斯点了两杯白葡萄酒。服务生很有默契地看了他们两人一眼。西尔维娅举起了酒杯："为我们的相遇干杯。"麦克斯也举起了酒杯。他小饮了一口，手在发抖。西尔维娅肯定看到了。他在电脑屏幕前更自在。而现在，一举一动直接看得清清楚楚。麦克斯的脑子里想的都是这个。

"我想知道，麦克斯，你在蜜糖网上寻找的是什么？"

"呃……问得好。我想是一段认真的恋情。"

在他登录蜜糖网之前，他通常会说"一段爱情"。但是现在他说的是"认真的"。一段认真的恋情，应该能够吸引她。

"那你呢？"

"我啊，我希望找个男人不要一天到晚想着他的前女友，而且知道自己未来的方向。"

关于前任，没问题。他是五年前分手的。至于未来方向，这个倒真是不太清楚。

在说话的时候，麦克斯将左膝盖往前挪了挪，轻轻地假装无意地触碰到了她的大腿。与此同时，西尔维娅转了下椅子，往后退了退，并且跷起了二郎腿。立即冷处理，麦克斯没有再进一步。他已经搞糟了Kino攻略的第一步，想成为"亲吻终结者"，看来不太有希望。

他们一起又聊了大概三刻钟，但是到了21点30分，西尔维娅提出回去了。

"你怎么过来的？地铁？"

"不是，骑公共自行车过来的。"

"要不我送你回家吧？我开车过来的。"

"好啊。但是希望不会让你绕远路……我住在Buttes Chaumont公园附近。"

“没问题。我可以往那边走的。走吧！”

由于西尔维娅把车开得像赛车，他们20分钟就到了罗米尔大道，离麦克斯住的莱茵街只有两步路。

“这里怎么走？”

“呃……往那走！右转右转！”

西尔维娅在最后时刻突然刹车了。

“不好意思，我刚才走神了……那边是18号……就在那！就在那个小酒吧旁大概50米左右的距离。”

西尔维娅停在了两条车道中间，这是不允许的。这个时候邀请她去家里喝一杯是极不合适的。所以只好告别。麦克斯主动上前行了贴面礼，道了晚安。

“那好，再见。”

等在后面的车辆不耐烦地按了喇叭。他不敢让她停车。

“好吧。”西尔维娅说，“我得赶紧开走了，我挡着路了。”

“好，再见”

“再见。”

在自家楼前的门口，麦克斯回头看西尔维娅是不是也像电视剧里面演的那样，正在看他最后一眼。但是后面有车子的情况下，这是很难做到的。她的车子早已开出几百米远了。

在电梯里的时候，他回顾了今晚。必须趁热分析。一切都有点模糊。他应该已经拥抱了，又或许没有。他应该再主动一点。虽然不确定，但是看上去她还是有点动心的。“我大概不够强势吧！”麦克斯一边得出这个结论，一边将钥匙插入了门锁。

所有的一切发生得太快了。从第一个晚上起他就估计不到将要发生的情况。西尔维娅或许误会了，以为他对她没有兴趣。他想要了解得更多但是又不知道怎样再和她开口。两天之后，他决定在蜜糖网上给她发个站内信：

我希望你周六晚上见面之后一切都顺利。我真的很高兴认识你。要是我们到时候能再见面就好了。

此致！

第二天，西尔维娅给他回了信：

麦克斯你好！

我一切顺利。我也觉得礼拜六晚上的见面很不错。如果可以，以后我们就像朋友一样见面吧……

此致！

像朋友一样？麦克斯绝对是错过了机会。西尔维娅已经将他划到了朋友一类里了。他还要继续下去吗？先做朋友再做恋人？乔思林跟他说过，这样的计划很少成功。

他继续查询《吸引的艺术》网站："去吸引一个新的女孩子比在你当前的目标上改正你所犯的错误更容易。"麦克斯明白了。

于是他又开始了蜜糖网/色情视频网站互相切换的日子……

永不掉线

如今的爱情主角不是两个，而是四个：她、他还有他们各自的手机。

短信、彩信、呼叫、留言。所谓情侣，就是不管多远也要在一起。见不见面不是最重要的，最重要的是保持联络。

而且是随时。

7点45分——吕希儿出门上班已经迟了："我的手机在哪呢？"她用家里的固定电话打了下她的手机。在卫生间里，她的诺基亚手机在橘黄色的浴巾下响了起来。

坐地铁。位于地铁9号线的米霍梅尼尔车站。乘客们从四面八方顺着通道涌入车站，然后挤进一节节车厢。8点了，整个巴黎都已经醒了，手机的通话量开始慢慢增多。吕希儿靠在车厢末尾的门上，给她的亲爱的——罗曼发短信：开始有点想你了。希望你一切顺利。亲亲。

自从吕希儿和罗曼一年前在一起后，像这样的小短信他们一天要发好几条。他们两个不住在一起，所以并不是每天晚上都能见到，于是一条或者许多条这样的短信，能让人觉得另一半和你在一起。吕希儿很喜欢和罗曼这种情牵一线的感觉。

但是，现在发的这条短信罗曼并没有回复。有时，她会产生手机在响的错觉。她拿出手机、解锁，但是没有任何动静。再放回。在登菲尔-若胥洛车站的出站通道，吕希儿看了一眼她手机上的时间。已经过了一刻钟了！这个时间够长了，足以让吕希儿肝火上升并且胡思乱想了。但为什么是一刻钟呢？没有理由，这就是人的心理。

到了办公室后，吕希儿将手机放在电脑旁，以防错过任何一条罗曼的短信或电话。但是整个早上，他还是没有回复，只有10点42分的时候有个电话，吕希儿激动得几乎是跳起来接的电话，但是，是她爸爸打来的。

午休的时候，吕希儿一直在盼着短信。中午时间，他至少应该能腾出30秒的时间给她发个三字短信吧。但是什么都没有！

14点30分，每个月的投资分析例会，电话没有关机，但还是没有一点音信……

19点30分，吕希儿回到了家，她一开门，一股食物腐烂的味道直冲鼻子，让她恶心得想吐。是昨晚的鳕鱼……她赶紧下楼倒垃圾，但是口袋里不忘揣着手机，万一此时罗曼跟她联系呢……

倒完垃圾上楼的时候，她突然灵光一闪。啊，对了，肯定是这样。他一定是去参加他同事萨米的离职践行晚餐了。所以他才没有打给她。她决定给他发条短信提醒他一下，于是她开始写第一条短信："今天晚上萨米的践行饭吃得如何？"不行不行，她把这条删掉了并且重新写了一条："你今晚的聚餐如何？？我爱你。"

"哎，这样不行，我还是不发了。"吕希儿自言自语着，并且将这条短信保存到了草稿箱。她不敢拨罗曼的电话，她目前还是想等他来联系她。

吕希儿对手机打电话这事缺乏主动性。她不知道自己是不是做错了什么事情。在等待的时候，她又去看了一遍早上发的那条短信。她是早上8点18分给亲爱的发的短信，到现在已近过去10个小时了……

为了不再老是想着这件事，吕希儿拿起了茶几上还没看完的小说……这时门铃响了，是她的好姐妹何琳娜过来拿衣服。

两个好友互相行了贴面礼问安，何琳娜注意到了吕希儿有些郁结的神色：

“发生什么事了？你看上去不太对劲！”

“没什么……说起来，我……怎么说呢？……我有些生气，是因为罗曼一直都没有回我今天早上发给他的短信，这个让我十分十分的不安！你大概体会不到我这种感受吧。”

“等等，你想太多了，说不定他只是手机没电了或者他把手机忘在家里了。”

“不可能，如果是这样他至少会发个邮件给我。”

“你别多想了！我想他肯定有原因的。你别再胡思乱想了！”

“叮”，何琳娜收到了一条她男朋友的短信，“你现在有空吗？”她马上回复了他，“我现在在我好姐妹吕希儿家，你就别烦我了……”

“啊哈，你看吧，你收到短信之后肯定直接回复的！”吕希儿立马向她指出。

“是啊，但是我们的情况是不一样的。你也知道的，我是家里蹲，所有打电话发短信都是没有限制的。”

罗曼是在公司上班的，但尽管这样，平常也没有妨碍他回复短信啊。但是算了，没必要继续在这个问题上深究下去……

何琳娜走了，吕希儿一个人看昨天晚上下载的美剧《黑金家族》的最后一集。她的手机就放在沙发边缘上，但是手机还是毫无动静，一声不响。这时只要罗曼发来一条“我想你”的短信，所有的不安就会全部消失……吕希儿还是等着，同时克制着自己不去做各种猜想。

《黑金家族》一直放到23点才结束。到现在还没有消息，这就过分了……或者让人担忧。吕希儿赶紧去查看脸书。罗曼或许已经发布了什么或者更新了状态，可以解释目前这种音信全无的状况。但是不对。差点忘了。“他从未在脸书上发布过什么东西！自然而然也不会有人在他的脸书上留言！”

她忍不住想给何琳娜打个电话。但是，嗷！现在已经是23点15分了，打电话会不会太迟了……那么她会在MSN上吗？太好了！她在线！

吕希儿说：

还是杳无音信，我现在担心是不是他打算把我踢了:(

何琳娜说：

那就打电话给他，至少你能心里有谱！

吕希儿说：

不行，我怕我到时候会歇斯底里。而且要打也应该是他打给我啊。

00点30分。嘟！嘟！（很小的声音响起）。是罗曼！他MSN上线了！吕希儿犹豫着要不要现身和他打个招呼。就在她犹豫地时候。罗曼已经下线了。吕希儿被刺激到了，她立马拨通了电话。

罗曼直接接了电话。

“喂，我亲爱的小姐！接到你的电话我真是太开心了，怎么这么晚才打呢？”

“嗯哼！鬼才相信你呢！”

"你突然这是怎么了？"

"我今天早上给你发了个短信，你一直没回。我在想到底发生了什么事。"

"但是我回你了啊！"

"哈！但是我连个屁都没收到！"

"等等，我看一下。啊，真郁闷，你没说错……这里有个红色的感叹号……短信没发出去……我当时在地铁里。好吧，我不想电话里聊了，我去打个车，马上到你那里。"

吕希儿下楼去接。结局皆大欢喜。她的罗曼没有把她给踢了。但是她的诺基亚却让她误以为……

无网假期

网站《互联网人》曾经做过一个小小的调查：

“当您在度假时，您会：

• 完全不理会工作：不上网也不用黑莓手机。

• 偶尔会关注：您已经开始考虑度假回去之后的工作。

• 半关注状态：在紧急情况下可以联系到您，而且您会每周查看一次邮箱

• 工作狂：度假对您来说只是将办公室换了个环境，沙滩就是您的办公室，而且不停地接听电话。

亲爱的读者您呢，您是哪种情况？

马修很快就要开始休假了。他正在整理他的文件柜并且将资料都用U盘备份，此时他的顶头上司安妮过来找他：

“你几号回来上班？”

“30号。”

“哦，时间也挺长的，对了，你休假两个礼拜！”

“是啊，但是有急事你可以打我手机。”

30分钟之后，马修斜挎着手提电脑，悄悄地离开了办公室。

在下楼的时候，他接到他死党亚历克斯打来的电话：

“明天晚上一起去看电影吧？”

“不行啊，我要去我南部的死党雅恩家过一个礼拜。”

“你可真幸福啊！具体在南部哪里？”

“嘉努布列。在塔尔纳省的一个山沟沟里，离图卢兹大概一个小时半的车程。我要过一个完全没有网络的假期。”

星期六早上，为了避开圣-艾尔奴高速公路收费口的拥堵，马修一大早就迎着晨曦出发了。经过8个小时的车程，马修已经接近了嘉努布列。一股牧草的清香飘入了他的雪铁龙车。他顿时觉得疲倦全消，全身充满了活力。他继续开了20分钟，在这段时间内除了一辆拖拉机，他没有碰到任何其他车辆。在小村子的入口，他认出了雅恩的车子，于是顺势停在旁边，并且开始卸行李。正当他七手八脚弄行李的时候，一通电话打了进来，但是他来不及接听。是亚历克斯打来的，他肯定忘了他是今天出发的……

雅恩热情地开门将他迎进屋子。一座正宗的木结构屋架的乡村石头小屋……

“把东西放那吧。我带你转一圈。”

结束参观之后，马修问雅恩厕所在哪里。“走到底左转。”进到厕所后，马修锁上了门销，他拿出iPhone手机想听听亚历克斯的留言，但是厕所里面没有信号。

雅恩拿出了冰块、茴香酒和水。“别自己先偷偷喝了，等我回来。”马修说，“我去我的车子里拿件外套就来。”在汽车内，更确切地说是在路堤上，他搜索到了信号。

而且除了路堤，别的地方概无半点信号。他把iPhone举得像个指南针，各个方向都试了一遍。但是没有信号。

第二天下午，雅恩和马修出门远足。两个老友轻快地迈着步子。山路变得越来越陡峭，但是雅恩却像当地的山民那样健步如飞。低矮的石砌围墙、板栗树、白蜡树……敲钟的声音。马修对着出现在他右边的三头奶牛，大为吃惊。

“你看，这里是不是很好？”雅尼一边欢呼一边将手拍上了老友的肩头。

“是啊，是啊，而且这边的景色实在是太美了！”

雅恩准备接着赶路。叮！叮！叮！叮！嘟！马修的iPhone兴奋了起来。四条短信，一个未接来电的语音留言。

“是我的iPhone，大概是到了高处有了信号。”

“刚才吓了我一跳。但是你不会打算在这里打电话吧。”

“不是，不是。我就查看一下短信。”

总共有三条短信：他老妈的、老佛爷商场的，以及朋友斯蒂芬的。还有一个来自亚历克斯的未接来电。雅恩有点不耐烦了：

“好了吗，可以走了吗？”

“等等，我就听一下留言。哦，娘的！信号又没有了。”

雅恩继续赶路。由于是下坡路，所以马修基本能跟得上，他期间还两三次地拿出iPhone来看看是否能够接收到信号。

第二天一早，8点30分。马修全副武装，穿上运动衫，打算去昨天那个收得到信号的山峰，那个有三头奶牛的地方。

太阳还没有完全升起。只跑了十几分钟，马修已经挥汗如雨。他跟随着黄色的标记，一直走到有奶牛牛栏的地方。事实上，在这些奶牛旁边，信号还不错。信号有三格而且还有一点微弱的3G信号。

马修回拨了亚历克斯：

“你好啊，老兄。你昨天打我电话？”

“没啊，怎么了？”

“你打了，周六下午。”

“是吗，我已经想不起来了。”

“你在我的未接来电话里面。周六下午16点12分。什么事情呢？”

“但是我真的已经想不起来了！我想大概是想叫你出来喝一杯吧。”

通过3G信号，马修还成功地接收到了所有的邮件。但是速度超级慢。14封邮件：他阿姨像往年一样邀他去参加阿维尼翁节；一份来自于他秘鲁女朋友克里斯蒂娜的邀请函，邀请他去参加她和她姐姐的双重奏演奏会……还有就是那些电子杂志、广告邮件、垃圾邮件，以及一些门户网站的新闻……

然后他又登录了他的工作邮箱：大概有20多封邮件：但是没有一封是紧急的，都是抄送的。他在等顶头上司发给他的关于招聘预算的回复，但是她还没回。马修松了口气。他和这些奶牛们道了个别，然后跑步下山。

回到家后，马修去冲了个澡。在淋浴的时候，他突然又想起了邮件，他想明天最好再把关于预算的邮件给他上司发一遍，因为后天就是管理层会议了。

在餐桌上，当雅恩递给他牛排并为他倒红酒的时候，他突然问：

“你知不知道这边有没有可以上网的地方？”

“我不清楚……可能那些酒吧里面有吧。”

“最近的在哪？”

“在圣皮耶尔·德·特里维西，但是我估计那边不会有。你要上网干吗？”

“我有一份关于工作的邮件要发。”

“不能等到周五吗？我还想带你去集市转转呢。”

“不行啊，明天晚上之前一定得发出去。”

最后雅恩还是决定明天陪他去圣皮耶尔小镇。在那里他问当地邮局的大妈哪里可以上网，大妈告诉他：

“很简单，要是你用我们的电脑，按一刻钟5欧元收费。要是不用我们的电脑，我们把无线上网的密码告诉你，你就可以上网了。”

“谢谢，我用我自己的电脑。”

马修键入了用户名：TRIVISYWIRE，并且键入了密码：PZQQRY，然后把邮件发了出去。

“好了。总算弄好了，我们可以走了。”马修兴奋地说道。

他又重新充满了活力。但是他真正完全解脱是在星期六早上。把行李装到了车上，手机和钱包都放在了口袋里，马修拥抱了他的老友，感谢他这个星期的热情招待，然后发动了他的汽车。

开了十来公里，他脸上突然露出了满足的微笑。因为他的口袋里面振动了一下，他感觉到了。手机终于有信号了！

“我去了巴厘岛！”

度假。这是一个十分严肃的话题。有时我们可以割舍我们想要的东西，但假期绝不可以。而要成为度假的成功者，这需要专业精神。你不仅要学会蜂鸣营销[52]、网络直播，而且还要保证售后服务。

艾洛蒂早在动身前的一个月就开始了这项工作，她在脸书的主页上写着：

艾洛蒂·雷诺阿　下一站……巴厘岛。四月份我要在那待一个礼拜！耶！！

3月6日　18：31　**喜欢**　**评论**

她的朋友对此表示了羡慕，这是必须的：

娜塔莉·米尔纳　幸运的人啊！！！你的行李箱里有空位吗？

3月6日　18：40　**喜欢**

克洛蒂尔德·萨佛朗　哦……日子过得真不错啊！！

3月6日　19：16　**喜欢**

帕特里克·司维　真不错

3月6日　19：24　**喜欢**

【52】蜂鸣营销：BUZZ MARKETTING，俗称“口头宣传营销”，是传统的“口耳相传”方法在新经济下的创新营销方法。是一种主要通过人们（可以是消费者，也可以是企业的营销人员）向目标受众传播企业产品（或服务）信息而进行的非常廉价的营销方法，蜂鸣营销主要基于人们对于企业产品和服务的直接体验。

吕西安·马尔科夫　又去度假了！！！！；-p

3月6日　20：34　**喜欢**

一星期之后，艾洛蒂开始了倒计时。

艾洛蒂·雷诺阿　快要去巴厘岛了……从今天开始算起不到20天了……耶！！:-)

3月15日　18：31　**喜欢**　**评论**

这又可以让那些心不在焉的女伴们振奋一下了。就像克洛伊，她还不知道呢。

克洛伊·夏尔累：啊还有这么长时间啊！但是我不知道你要去巴厘岛！！！！

3月15日　18：40　**喜欢**

由于倒计时，艾洛蒂可以时不时地表达一下她的喜悦。到出发前的第7天，她开始有节制地发布倒计时了。

艾洛蒂·雷诺阿：倒数第7天！

4月1日　21：42　**喜欢**　**评论**

到了倒数第3天，她更加谨慎了：

艾洛蒂·雷诺阿：离出发去巴厘岛还有3天！！！总算……

4月4日　9：41　**喜欢**　**评论**

到了倒数最后一天，气氛就变得热烈了：

艾洛蒂·雷诺阿：倒数最后一天……巴厘岛我们来了！

4月7日　23：31　**喜欢　评论**

通常情况下只有火箭发射或者世界杯开赛才会倒计时，而艾洛蒂的倒计时是为了表示她将离开与世隔绝一段时间。因此，在出发当天的早上，她通过iPhone发布：

艾洛蒂·雷诺阿　出发去戴高乐机场……巴厘岛之旅不带电脑……假期万岁！

4月8日　10：12　**喜欢　评论**

读到她的这条消息后，她的朋友们纷纷与她道别，这场景仿佛这些人都亲自到机场送别一样。

克洛伊·夏尔累　假期愉快，美女！要健健康康地回来，要把自己晒成金黄色啊:))！！！

4月8日　11：03　**喜欢**

克洛蒂尔德·萨佛朗　享受假期！！！回来一定呀给我们好好讲:）亲吻你

4月8日　11：26　**喜欢**

夏洛特·奥弗莱　享受假期！！！！！

4月8日　14：02　**喜欢**

费里希和吕西安给了他们最后的建议：

费里希·布鲁纳　亲爱的，假期愉快！这让我想起来我的巴厘岛之行……记得去竹林喝粥，味道绝对好！！！然后记得去乌布海滩，那边才是真正的巴厘岛，不要去库塔（那边冲浪、喝酒的澳大利亚人太多……烦人）。亲吻你，美女！！！

4月8日　14：02　**喜欢**

吕西安·马尔科夫　其实我倒是也蛮喜欢龙伯克的库塔海滩的，那是十年前，一切还是很传统的……还有松巴哇，要是你有时间坐船去那里，还是很值得一去的……祝你假期玩得愉快。

4月8日　14：17　**喜欢**

好了。飞机起飞了。幸福之旅拉开了帷幕。计划：好好游玩、远离澳大利亚人、不要错过任何好事物、拍美丽的照片……尤其是拍照片。

他们的第一站是乌布市场。摊位上都是各种热带水果、蔬菜以及香料。费里希说对了。这里的确是原汁原味。艾洛蒂站在一堆杨桃前拍了照，这种星形的水果是巴厘岛当地著名特产。

艾洛蒂和米卡尔还去了当地的画室，根据*Lonely Planet*的介绍，这个画室是“十分有名的”。在不停地走了很多画廊和路基桑美术馆后，米卡尔已经全身大汗淋漓。

“我们不能歇会儿吗？”

“别担心，待会就休息。”

他们又到稻田里行走了一个多小时，最后终于来到了荷花咖啡屋。皇家圣庙荷花池中上千朵圣洁的荷花，简直让人目不暇接。艾洛蒂拿起了她的武器500万像素的佳能Powershot，拍下了荷花飘逸的叶子。这将是一张完美的屏保。

在他们的计划中，爱侣们应该去布萨基寺，这个位于巴厘岛最高山脉——阿贡火山脚下的寺庙被称为“万庙之母”。

艾洛蒂想和米卡尔在以棕榈叶做屋顶的木屋前合影。米卡尔请了巴厘岛的当地人帮忙照相。但是照片没有拍成功。记忆卡满了。在湿婆神庙的台阶前，在左边的“善神”和右边的“恶神”之间，他们把所有拍的照片都看了一遍，然后把那些认为不需要的删掉。

第三天，米卡尔起床晚了点，他在早餐餐厅找到了艾洛蒂。

“对了，今天的计划是什么？”他一边伸了个懒腰一边问。

“GitGit 瀑布。《Routard旅行者指南》说它非常值得一游。而且我们必须赶上10点钟的游船。”

他们马上将计划付诸行动，但是他们也为此错过了去其他地方走走的时间。到了现场，米卡尔为GitGit的奇景而惊叹，就像《Routard旅行者指南——巴厘岛》中说的那样，这里像是一个“绿色植物的珠宝盒”。空气十分湿润，米卡尔脱掉了他的T恤，而此时艾洛蒂正在用她的数码相机取景。当米卡尔进入镜头时，他已经身着背心站在一块大石头上，正准备往水里跳。

“等等，别直接跳！”艾洛蒂向他喊道，“我会把你跳到水里的瞬间拍下来。”

她知道，她也感觉到了。这个时候抓拍的照片是他们在巴厘岛玩得很尽兴的最好证明。

“好了，可以了吗？”

“再等等……好了！跳吧！”

米卡尔起跳了，两臂向上伸，双腿分开。按下了连拍按钮，这些就都保存在相机里了。

“怎么样？”他从水中冒出头问。

“太棒了！其中一张照片里面你看起来特别好！”

这时他们还不知道，其实他们这次安排错过了很多美景，因为接下去的两天，巴厘岛一直在下雨。这样阴蒙蒙的光线下面拍照显然是不行的。展示阴雨蒙蒙下的巴厘岛的照片，可是件糟糕的事。

米卡尔就利用这几天去做了个按摩。艾洛蒂在宾馆的纪念品商场转悠。面具、小塑像、木偶……都是些骗人的玩意。但是至少她现在知道该带什么东西回去了。比如一个外观像石头材质的木制鲫鱼。在去酒吧和米卡尔会合的路上，她在一个可以上网的点停了一下，然后上传了一张第一天拍的夕阳覆盖下的沙滩的照片。

艾洛蒂·雷诺阿　享受巴厘岛的假期。

4月12日　14：41　**喜欢**　**评论**

3个人喜欢这一条。

克洛伊·夏尔累　看来真的很享受啊！！！！！

4月12日　16：03　**喜欢**

娜塔莉·米尔纳　太棒了！！！！如果你在当地需要司机，告诉我，我认识一个在萨努尔的巴厘岛当地朋友，他一定会很高兴带你们去他们岛上转转。

4月12日　18：04　**喜欢**

回国前一天，艾洛蒂和米卡尔在新加拉加港口的岸边散步。米卡尔拍了那些正在卸大米、玉米和咖啡的巴厘岛原住民。艾洛蒂还在看*Lonely Planet*中。

“要不我们去别的地方走走吧，我看书里说这边不远有个小酒吧很不错。”

“成交。”

艾洛蒂将*Lonely Planet*放入了口袋，然后和米卡尔手牵手走在海堤上。走了一公里多，这对小情侣发现了一块几乎没有人烟的小海滩。这地方只有一个在水上的茅草屋，里面燃着紫檀香味的蜡烛，这是一个小小的港湾。简直就像是仙境。

坐在沙子中的坐垫上，听着海浪的声音，他们一起啜饮着arak atak【53】。艾洛蒂靠着米卡尔躺着，她开口问：

“要不要拍张照啊？”

“不要了……怎么问我？相机不是你拿着的吗?”

“你开玩笑吧？”

“不是啊，一般来说，不是你负责拿的吗？”

“你真是头蠢猪！”

“等等，可能在袋子里。”

但是袋子里没有，也不在艾洛蒂那。要是没有高清设备将这仙境拍下来，继续留在这里也没有意思了。再见了，短暂的浪漫时刻，他们一声不响地回到了宾馆。而且他们也没有机会补拍了，因为明天一早他们就得去机场。在最后一晚，艾洛蒂和米卡尔来到了宾馆的网吧，他们将幸存的记忆卡连接到了电脑的USB接口上，2G的容量，514张照片，艾洛蒂开始一一审查这些照片：

【53】当地一种用棕榈树汁制成的酒精饮料。

“啊，这张！是你在瀑布下拍的，真的很好。”

还没经过米卡尔的同意，她将这张照片拖进了《巴厘岛照片》的文件夹里。

“沙滩上的照片，我们拍得太多了，我删掉几张。”

米卡尔点了点头，艾洛蒂继续选她的照片。

“这张不错，我们保留。这张，唉，一般般，我删了。”

看了100多张照片之后，米卡尔睁着眼睛睡着了。但是他还是时不时地强打起精神发表自己的意见。

“等等！重新回到在神庙拍的那张，这张光线多好，你移过去了吗？”

“没，但是你说得对，这张保留。好了，我想我们已经把所有最好的照片都放到文件夹里面了。把记忆卡拔了。”

“好的。”

“248张照片，不少了，但是没能拍到小港湾的照片还是很遗憾。”

米卡尔已经睡着了。艾洛蒂将文件夹导入了图片管理工具Picasa。“传输结束”。任务完成。他们可以心满意足地回去了。

当飞机降落在戴高乐机场时，飞机上的广播宣布现在“外面的温度为2℃”，而且下着雨。巴厘岛之行结束了，但是脸书上的旅程还在继续。飞机还没停稳，艾洛蒂就打开了手机发布了两条状态：

艾洛蒂·雷诺阿　从巴厘岛回来了！

4月18日　18：10　**喜欢**　**评论**

艾洛蒂·雷诺阿　唉！……真是舍不得回来啊！

4月18日　18：11　**喜欢　评论**

20分钟之后，在艾洛蒂的主页上，克洛伊已经进行了回复。

克洛伊·夏尔累　欢迎回来！！！一切可好？？？希望你过了一个愉快的假期……热烈亲吻

4月18日　18：30　**评论　喜欢**

艾洛蒂用很私密的口气回复了她，但实际上这话是说给所有联系人的。

艾洛蒂·雷诺阿　谢谢你，克洛伊，我们平安回来了，但是离开的那一刻真的是很不舍，很不舍。我们什么时候见个面？亲吻你

4月18日　19：41　**喜欢**

克洛伊·夏尔累　我能体会，而且你还要倒时差呢！！！！我迫不及待想见到你……而且你现在应该晒成古铜色了吧，哈哈哈；）快点上传照片啊

4月18日　19：42　**喜欢**

该来的还是来了，“时差”，艾洛蒂实在是睡不着。她起身坐到了客厅的电脑前。她向她的脸书账户上传了一个名为《巴厘岛2010》的相册，将所有照片都上传，然后平静地回去睡觉。

第二天，在办公室，艾洛蒂发现：

14个人喜欢这个相册。

克洛蒂尔德·萨佛朗　哇哦……我真是太太羡慕你了……

4月18日　21：41　**喜欢**

克洛伊·夏尔累　我太太太喜欢你的照片了。

4月18日　21：50　**喜欢**

帕特里克，她的同事还是像往常一样说了好听的话：

帕特里克·萨维兹　☺　原来你是在那边晒出这身古铜色的啊！

4月18日　22：23　**喜欢**

瓦伦汀对其中一张稻田的照片进行了评论：

瓦伦汀·皮穆　这张照片太美了。看得我都想去旅行了。你可以去当《国家地理杂志》的摄影师了☺

4月18日　22：41　**喜欢**

在她的脸书主页上，艾洛蒂打开了《我旅游过的城市™》，这个应用可以生成一张地图。所有去过的地方都会插上一个小旗。时差、晒成古铜色皮肤、照片，艾洛蒂该有的证据都全了，因此她可以正式说她去过巴厘岛了。这个应用宣布："我已经去过了14个国家的50个城市！"。我们的全球旅行家满足地看着地图上的各大洲，然后将插在印度尼西亚巴厘岛上的旗子放大，发出了满意的笑容。

50个城市，走了不少地方了！但是非洲大陆上还是空白……突然，艾洛蒂萌生了去埃及的念头。或者等等……还是先去南非吧。这礼拜得为这事和米卡尔计划一下。另外旅行顾问[54]应用应该可以给她一些个性化的建议。

【54】旅行顾问是一家旅行社，他们用一大笔钱（300万美金）收购了旅行顾问这项应用。

在休息的时候，她在茶水间碰到了帕特里克。

“你在巴厘岛的假期过得如何？我看了你上传到脸书的照片，看来你假期过得不错啊！”

“是啊，真的是个好地方，完全是世外桃源。你待会要是有时间，上午结束的时候来我办公室吧，我还有很多其他的照片。”

帕特里克觉得自己好像不得不去。他去了艾洛蒂的办公室，艾洛蒂给他看了所有巴厘岛的风景照。

“噢，这些照片拍得真好！”他回应道。

“还是米卡尔，他在相机上花了不少钱。那你呢，你在西班牙的安达卢西亚的假期如何？照片呢？”

“我没拍照片。”

“啊……那这样你这假期过得还好吗？”

男色消费者凯伦

凯伦从来不为男人烦恼。她将男人视为超市里的商品，当她需要时就消费他们，不需要时就重新放回货架。说她是花痴？倒也不是。享乐、及时、高效，典型的现代女性。而且确定的一点是：在两人关系中，她才是游戏的主宰。

针对这样的女性，还有一个专门的网站Adopteunmec.com——猎男网。这是一个超市类型的约会网站。超市货架上的商品就是男人，而那些女人就是购物的顾客。这很有意思，但是这种有意思背后是所有这些约会网站赤裸裸的宗旨：速食爱情。

凯伦和其他上这些网站的人一样：她要做成最好的买卖。为了增加她的机会，她对自己的档案稍稍做了修改。身高：她将她实际1米67的身高加到了1米70。体重：尽管圣诞回父母家胡吃海喝后重了4公斤，她还是将体重写成了55公斤。其他的资料都是真实的：棕发、碧眼、衣着摇滚风、经常抽烟、不挑食。

在她档案的左边是自我介绍栏，在这一栏里她写道：

^^我就是我自己，我寻找一个可以让我颤抖的男人。坏人和卫道士请走开:）至于签订长期合同还是短期合同，等过了试用期再说吧……至少目前只需要临时工，不要太麻烦的关系……另外这个男人必须有点浪漫，但是不要过头……

在这则告示的右边，对她感兴趣的男人可以点击“SEXO”的选项标签以了解更多关于她的性感小秘密：

外套下的隐藏的秘密：我在套头衫下什么都没有穿，这是个秘密！

能挑起她性趣的事：出人意料的地点、抓挠、不断轻轻地噬咬

最喜欢的体位：侧位

可以接受的性交方式：自慰、口交、69式、自拍、插入式

在床上喜欢：按摩、舔

喜欢的情调小物品：蜡烛、鲜奶油、巧克力、按摩油

如果点击“个性”选项标签，可以了解下列事项：

让她崩溃的事：火柴棍

让她兴奋的事：所有让人兴奋的事情

她讨厌的事：逢迎拍马、盲目自大、油腔滑调、复杂的词汇、伪善

她的缺点：和上面的相反

她是一个：带有孩子气的女人、富有女性气质、感情丰富、调皮淘气、敏感

凯伦登录之后马上去看了一下已经和她聊过天的追求者发来的邮件：8封。是一个晚上通常的收获数量。没有时间去一一细读这些邮件：Jimbo、Dolce、小鸭子，这些新的追求者已经向她发送了“魅力”。这个“魅力”可不是什么古老宗教的祭司发来的神秘咒语，而是一种虚拟的信号。“魅力”是男士唯一可以用来吸引女孩子们注意力的东西。现在凯伦要做的事是决定是否与他们进行交易。

她先查看了小鸭子先生的档案：栗色头发、碧眼、长相端正。“这

个男人不错！”凯伦自言自语道。她把他加入了购物车并且继续查看Dolce的档案：25岁、身高1米75、70公斤、金发、娃娃脸、头发半长、喜欢戴皮饰、穿冲浪衬衫。“这个很可爱啊，但是年纪太小了！而且要是我穿上高跟鞋，他只能到我下巴。下次再说吧！”她点开了Jimbo裸露上半身的照片，这个男人24岁，从照片看就像《男士健康》杂志的封面模特，“照片修得太厉害了，他肯定用了不少橡皮功能。”下一个！就在此时，她消息盒上的信封标志闪了起来。是小鸭子先生：

“嗨，年轻的小姐，你好吗？周末过得可好？”

凯伦本想与他聊一番，但是她看到屏幕的右下方有一条消息在闪：“马华力向你发来了‘魅力’。”

她赶紧点开了这件商品的照片。凯伦飞快看了一下他那张拉丁人特征明显的脸，以及标注的1米85的身高。“太好了！加入我的购物车，就是你了！”

马华力给她发送了站内短信：

嗨，你好，你在这个网站主要是找什么，爱人、情人或者见面后再决定？等你回复，轻吻你。马华力。

凯伦马上回复了他：

我也不知道，我只是想要一段不太麻烦的关系，呵呵。

马华力接上了她的话题：

我也是，我也不想要太麻烦的关系，我喜欢享受当下。哈哈！要不我们互加MSN吧。

我的用户名是maverick1987@hotmail.fr，亲吻你。

“这个男人我喜欢。我要和他视屏聊天。”凯伦边说边登录了MSN。但是马华力此时却泛起了娇羞：

马华力写道：

我还是喜欢先朦朦胧胧的感觉。

Ka_Reine（凯伦的MSN用户名）写道：

亲爱的，别害羞了！这又不是什么难事！就当是为了我！

马华力写道：

好吧，来吧。

凯伦很兴奋期待。她整理了一下她的头发，把肩膀的衣服拉下了一点并且打开了摄像头。

结果让人大失所望——

凯伦说：

我在找和照片相似的地方。

马华力说：

什么意思？

凯伦说：

我没认出是你

马华力说：

正常的。照片上的是我弟弟。我希望你不要太失望。

凯伦说：

但是我真的很失望。

马华力说：

难道你看人只看外表吗？

凯伦说：

那你就这么想吧。哈哈！祝你接下去好运。

货不对版。凯伦一声不响将马华力放回了货架。接下去他应该再也联系不到她了。

如果在夜店里，一般她很难躲开那些难缠的男人……上次在Loco酒吧，一个酒气熏熏的男人把咸猪手放到了她的小屁屁上。她转过身，狠狠地赏了他一个耳刮子。保安过来制止了她并且将她请出了酒吧。还真是悲催。

在猎男网上，一切都很简单平静。在屏幕后，她可以随心所欲地送出那些虚拟的耳光。

马华力出局了。自第一条消息发出后的20分钟，小鸭子先生又来搭讪了：

小鸭子说：

嗨？你还在吗？

凯伦说：

在的☺））

她加上了一个抛媚眼的表情符号。

小鸭子说：

明天有没有空一起去看电影《负心汉》？

凯伦说：

我想去看的☺但是后天行不行

小鸭子说：

好的，记下了。我把我的手机号留给你，06********，有事情可以给我打电话。亲吻。

已经凌晨一点，今晚该收手了。在猎男网上，有对凯伦今天表现的综合评价，加上奖励分数，今天的成绩很不错：

访问者	5×6677=33 385
魅力	20×2013=40 260
篮中货品	50×47=100
消息	50×215=10 750
奖励分数	600
受欢迎值	85745分

到了和小鸭子先生约定见面的那一天，凯伦犹豫了。“是穿灰色的高跟靴呢还是红色的平底鞋？穿高跟鞋吧！”

在离克里希广场还有100多米的时候，她在手机上设置了一个小的提醒通知，以便到时候有需要时可以借机遁逃。在电影院的售票窗口已经站了四个男人，但是没有一个人的体貌特征符合小鸭子先生的描述。当她走近的时候，一个男人有些犹豫地过来和她搭话：

“你是凯伦？”

“是的……你是小鸭子先生？”

“是我。”

又是一次大失所望。小鸭子本人和其照片差得太远了。还好他的香水选得还比较有品。他把她带到了Cyrano咖啡。这才是难熬的开始。当他说话的时候，她全身上下地打量他。指甲、气味、装扮……她的目光像一台X光机，将他全身扫描并做了评估。“他的声音听上去还不错。但是肌肉实在是太发达了。链坠，还可以。鞋子，啧啧！跟他的衬衫完全不搭……”

结论是什么？就是，凯伦没有什么兴趣与他做爱。

小鸭子先生还在喋喋不休地自我推销，但是凯伦出声打断了他：

“不好意思，我必须对你诚实。我对你没什么感觉。”

“怎么说？”

“在我的想象中，你更加高一些。”

“但是我从来没有跟你说过我个子很高。”

“对不起，但这不是只是针对你，一般来说我对跟我差不多高的男人没什么兴趣。”

“你对自己想要什么倒是很清楚，但是……”

“我要什么其实我不太清楚，但是我不要什么，我非常清楚。”

凯伦在桌上放了两欧元用于支付她的那杯咖啡，然后起身。

“你这就走了？”小鸭子先生问道。

“我必须走了。祝你下次好运。”

一回到家，凯伦就把小鸭子先生放回了货架。往往你放掉一个男人，就会有十个新的找上门。

高手也失算——凯伦被消费了

凯伦是只食男兽。她将男人视为超市里的商品，当她需要时就消费他们，不需要时就重新放回货架。说她是花痴？倒也不是。享乐、及时、高效，典型的现代女性。而且确定的一点是：在两人关系中，她才是游戏的主宰。但是真的是这样吗？也不一定。既然她将男人们当做了可抛弃的消费品，也就难保某一天她沦为同样的命运。而且当然是被消费后……

这个使凯伦遭殃的消费品叫乔思林，凯伦从未将他从她的MSN联系人名单上删去。他们一个月前曾经聊过天。也曾经来过电，但是都已经过去了。某一天，蹦！乔思林又出来了："嘿，美女！最近如何？"

他们没有兜多少圈子，单刀直入约了三天后某个酒吧见面。完全随着感觉走。快到半夜的时候，凯伦建议他去她家喝一杯。他们在上楼梯时就已经打得火热，等进到房间时早已脱得差不多一丝不挂了。那晚他们大战三回合。精疲力竭的乔思林问能不能留下来过夜。"不行，我想你最好还是回家吧。"凯伦不假思索地回答了她。送到门口的时候，她还是在他额头亲了一下。

四天之后，凯伦给乔思林发了个短信约他再见面："你今晚有空吗？"乔思林回答："有空，你21点20分到我家来吧，在圣·安布罗斯大街。门牌号是51A72。记得穿裙子过来。亲吻你。"

乔思林家的门大开着，凯伦一进门就被按到了墙上并且被脱光了衣服。短暂的中场休息。他们喝了点夏布利白葡萄酒，又在客厅的地上继续。然后凯伦在乔思林下逐客令之前，拾起了衣物走人……

已经过了午夜，但是走在街上的时候，凯伦还是忍不住给她朋友克里斯蒂娜打了个电话：

“在吗？吵醒你了？”

“没呢，我刚刚在eBay网上购物呢。你呢？”

“我刚从乔思林家出来。”

“又是他？你们最近见面是不是太频繁了？”

“看上去好像是这样的，但事实上不是！我们之间的关系只是一夜情，除此之外别无其他。”

“你确定？而且你喜欢这样的关系？”

“别担心，我自有分寸。”

凯伦的分寸把握得很好。所有这种感情游戏的关键是不要表露出动心的痕迹；谁先动心了，谁就输了。通常收到短信后不能立即回复，要至少等15分钟。要回复“吻你”而不是“拥抱你”，否则就太过文学腔了。短信的内容要简明概要，不能拖泥带水，要显得职业：“我今晚去你那过夜”、“好”、“一会儿见”。可以做爱，但是不能谈感情。

性是第一位的，是否情投意合是次要的。

到目前为止凯伦做得无懈可击。昨天她写了“拥抱你”而不是“吻你”，但是这个口气她是经过考量的。这只是为了告诉他对于昨晚的相遇她很满意。另外，她也准备了一瓶晚餐开胃的好酒。乔思林给她发了条短信告诉她他要晚上10点才到。她给他回了个短信：“没问题，我等你。”她开了瓶白葡萄酒，并且咬了几口长棍面包。乔思林一直到10点45才到。像往常一样，他直接跳到了她身上。他爱抚了她的乳房并且用力地揉了几下，但是整个过程中他都没有看她的脸。0点30分，他们躺在床边的地上。凯伦把手插入了他的头发：

“如果你愿意，你可以留下来睡。”

“不用了，我该走了。”

“你确定？你刚才没尽兴？”

乔思林起身。

“不是，我尽兴了，只是我得去赶最后一班地铁。”

凯伦目送着他下楼，看着他轻轻地关上了门。第二天她给他发了封邮件……尽管这不是她通常的做法：

乔思林：

你好。

希望你昨天回家后一切都好并且睡了个好觉。昨天晚上和你真的很愉快。

狠狠地亲你。

凯伦

但是凯伦没有收到回信。两天之后她再用短信发了一遍，还是没有回应。她知道他长期MSN在线，但就是不理她。

某天晚上，她终于忍不住了，给乔思林在MSN上发了条“嘿，最近好吗？”这无异于自杀行为。从此之后她被他拉入了黑名单，并且他再也不露面了。

阿凡达——凯伦的报复

凯伦是在猎男网Adopteunmec.com【55】上认识乔思林的。他们共上了四次床。他们之间只有一夜情关系。他们从不给对方任何承诺，他们见面只是为了“共度好时光”。

他们都清楚彼此之间的这种关系，直到某一天凯伦陷了进去。乔思林察觉到了这一点，他马上迫不及待地逃离。但是凯伦穷追不舍。于是他将她从MSN联系人上删除了。

自作多情……凯伦决定报复。

怎么做呢？凯伦自有主意，她要在猎男网上造个假身份，用这个假身份来引乔思林上钩。

第一步，塑造人物。凯伦想了很久。胸大无脑的金发美女，这个显然是行不通的。她必须为乔思林量身打造一个具有可信性的人物。凯伦翻看了他们以前的聊天记录，发现他很喜欢说“让我给你讲一下人生”这样有点大男子主义口气的话，事实上凯伦对这样的话不是很买账，尽管她总是装得饶有兴趣。

就像阿凡达一样，凯伦找到了她的伪装身份——一个涉世不深的23岁的小姑娘。

凯伦回忆了在他家度过的那些短暂的时光。她想起了他给她讲过最近在读的书；他对退休制度改革这个话题有着很大的兴趣；以及

【55】寻找短期艳遇关系的网站，尽管有些后来发展成了长期关系。

他在圭亚那坐在公车顶上的旅行，他在一大推米袋和鸡笼中坐了17个小时。公车时停时开，但是他还是忍耐下来了，一路平静。可怜的家伙。

这个假身份的职业是实习记者，住在十九区一个具有布波风情的小公寓内，并且时不时会抽点大麻烟卷作为消遣。

现在只剩下照片了，乔思林喜欢“年轻稚嫩”的女孩子；凯伦在谷歌图片搜索打下了“棕发美女”、“23岁”的关键词，马上就出来一大堆寻求“交往和艳遇”的大学生的照片。她从中发现了一张照片，这个女孩子长得就是乔思林的菜：小巧的鼻子、黑发、白皙得有点过分的皮肤。有女性的一面又带着点孩子的稚气。看上去就像是一只淘气的小鹿，就是《天使爱美丽》女主角奥黛丽·朵图给人的那种感觉。就选这张照片了，她肯定会吸引乔思林的。

凯伦给她取了个名字叫莉亚。

莉亚通过了网站管理者的认证。其实认证是很宽松的：只要用不同的邮箱进行注册就可以了。

在网站的首页上，莉亚的名字就在“欢迎新用户加入”这一栏闪烁。凯伦用乔思林的网名“拉丁情人”作为关键词搜索。他居然在线！

凯伦点开了他的资料，这样莉亚就把乔思林放入了她的购物车。两分钟之后，乔思林上钩了，他发来一条站内短信：

“祝贺你！你刚选择了一个一流的西班牙男性。现在请来亲自确认吧！”

这条短信中的内容和三个月前他发给凯伦的那条短信的内容一模

一样，看来他是做了个简单的复制-粘贴。

莉亚说：

“你好，拉丁情人。你的那些照片吸引了我。:))

拉丁情人说：

“谢谢，我的美人儿。我希望你的网名莉亚不是你的真名。不然如果我想把你改名叫蜜儿卡的话，还要经过你父母的同意！”

莉亚说：

“哈哈，我稀饭蜜儿卡这个名字。我可能会采用这个名字！”

莉亚“稀饭”，但是凯伦却一点儿也不感冒。首先，她讨厌将“喜欢”说成“稀饭”，其次拿网名开玩笑这一招，乔思林老早对她使过了。但是莉亚还是和他接着聊下去。

拉丁情人说：

“我们要不到MSN上去聊吧？有的时候这个网站的短信系统不是那么好使。”

莉亚回答：

“好啊，没问题。”

看来乔思林很有意深入这段关系。为了更好地了解，他说起了自己。

拉丁情人说：

“在现实生活中，我是音乐专栏作家以及雷鬼乐DJ。我经常会主持一些演唱会，并且做一些采访。我从事的是我喜欢的事业！你呢，你是做什么的？”

莉亚说：

“我是读新闻专业的，今年是最后一年。我目前在一家日报实习。”

拉丁情人说：

“哦！我们说起来还是同行！你是哪家报社的？”

莉亚说：

“这个我不能告诉你。”

拉丁情人说：

“为什么呢？另外你为什么上这个网站？”

莉亚说：

“我要享受生活……”

拉丁情人说：

“太好了！我发现我们很多地方都很相似。”

莉亚说：

“我也这么觉得，实际上我有男朋友，但是我不确定他是不是适合我的那个人……毕竟我们都还很年轻……另外他很容易吃醋，这一点让我很头痛。”

拉丁情人说：

“我懂了，我懂了……我要告诉你一件事情。你应该离他越远越好！”

凯伦扮演的这个女孩子既活泼又稳重，头脑敏捷但是涉世未深。她希望见见世面，这刚好满足了乔思林的大男子气概，他可以被她钦慕同时又可以保护她。第二天晚上，他又担当起了英语老师的角色。

拉丁情人说：

“Livethe life you love and love the life you live. Time is the master and time alone will tell.”

莉亚说：

“好句子:）但是说实话我没有完全看懂。”

拉丁情人说：

“让我来给你上第一堂英语课！请把书翻到第二页。

以你自己喜欢的方式过的生活，珍惜你现在所过的生活。

换一行

时间是大师，日久自明。”

莉亚说：

“谢谢你的翻译。你居然会两种语言！:))”

拉丁情人说：

“那是当然啊，职业需要嘛，我经常出国的。”

莉亚说：

“我很想到处走走。但是目前没有太多的机会:((，你呢？”

拉丁情人说：

“我经常去美国。所以我的英语是美式发音。下次等我们见面的时候，我可以给你上一堂发音课。那么你什么时候有空啊？”

莉亚说：

“我得看一下我的日程安排。但是估计不太容易，因为我男朋友经常在我上班的时候过来，名义上是来看我，但实际上是为了监视我……^^”

拉丁情人说：

“真糟糕！一个建议。我上次就跟你说过，尽快离开他！你的处境听上去不太妙啊！”

莉亚说：

“呵呵！问题是我们住在一起而且他付的房租。实习记者的工资少得可怜。:-(”

拉丁情人说：

“如果你决定跟他分手的话，我们可以一起来解决这个问题。对了，你是穿着衣服和我聊天的吧。”

莉亚说：

“那当然了，我穿着黑色的小睡裙，下面还有红色的蕾丝花边。”

拉丁情人说：

“哦！真诱人！真诱人！:-):-)你让我越来越有见一下你本人的欲望了。这个星期我每天晚上七点之后都有空的。”

见莉亚就每个晚上都有空了！上次凯伦要求和他见面的时候，就只收到了一条傲慢的手机短信：“我可能下周二或者下周四晚上有空，但是也有可能要临时取消，我到时候和你确认吧。”

现在轮到莉亚都有空了。

莉亚说：

“这个礼拜有点困难，我男朋友总是在:(((但是这个周末和下周他要回他父母家。如果你有空的话这个周六晚上六点我们可以在比利牛斯街的蜗牛酒吧见面，这是个很棒的酒吧。你看如何？”

拉丁情人说：

“好的，我记下了。”

约会前的六个小时，凯伦犹豫了。是放他鸽子呢，还是去蜗牛酒吧将真相大白。她突然觉得良心上有些过不去。于是凯伦让莉亚在约会的最后一分钟给拉丁情人发了条信息。

莉亚说：

“你好，拉丁！我本想打电话给你，但是找不到你的电话。我临时碰上了点麻烦事，我今晚6点不能赴约了。

拉丁情人说：

“我的公主，你好。幸好我在线。”

事实上，在莉亚出现之后，乔思林就总是挂在线上。

莉亚说：

“真抱歉，但是我得删掉我的账户了。我男朋友一直在搜索我的上网记录。恐怕我不能继续跟你聊天了。连MSN上也不能了。”

拉丁情人说：

“真遗憾。我早就告诉过你不要再用你男朋友的钱！另外，我想我们彼此之间错过了一段美好的相遇。我一直觉得我们两个之间有那种超乎寻常的感觉。我能够真切地感受到。最后的决定权在于你，但是要尽快。”

莉亚说：

“好吧，可能我还会用上班的电脑给你写些信息。但是家里的电脑肯定是不会再用了。”

拉丁情人说：

“好吧，我的公主。我听你的。”

太好了！接下去的一个晚上，乔思林就没有再上线了。凯伦可以不用再费脑筋编写邮件了：

“请不要误会，当你读到这份邮件的时候，我的账号已经注销了，而且你也不在我的MSN联系人名单中了。实在是因为我的处境

太困难了。如果我再和你继续，我和我男朋友之间就不知道怎么收场了:(

我会隐身一段时间。亲吻你。”

乔思林永远不会有机会和莉亚见面了。凯伦很想知道他现实生活中的反应如何。

一周后，乔思林想找个以前的“炮友”来安慰一下他受伤的心灵。他在猎男网上给凯伦发了一条信息。

我的美人，你好：

我好想见你。你明晚有空吗？要是有空的话明晚8点来我家吧。

吻遍你全身。

你的拉丁情人

凯伦不是莉亚，她不会拒绝他。于是她回道：

明晚没问题。我大概8点30分到你家。亲吻你。

到了乔思林家，凯伦在沙发上坐下，正面对着他并且双膝紧并。乔思林也没有给她倒饮料，独自卷了个大麻烟卷。他看她没什么动静，于是就站了起来，态度甚是傲慢：

“是啊，我忘了！你还是比较喜欢社交活动。”

“我是很喜欢聊天讨论。没错。”

随后他们又陷入了沉默，凯伦打破了沉默：

“对了，你最近在猎男网上有什么收获？”

“还可以。你呢？有什么艳遇？”

“没，我最近不太上这个网站。但是我觉得这些网站还不错。你呢？你最近一次的女伴什么时候上线？”

“唉，最近发生了件比较奇怪的事！我在猎男网上认识了个女孩子，最近十天我们一直在一起聊天。这个女孩想出来找点乐子，但是她嫉妒心很强的男朋友却管控着她。”

凯伦努力抬头望天以防自己笑出来，但是心底却感到一丝悲伤。这次乔思林看来是真的动情了。但是她还是要把戏演下去。

“你最后和这个女孩子见面了吗？”

“没啊！很不幸。她已经和我约好了见面的时间，但是却在最后一分钟取消了。我想她一定很怕她男朋友。”

“然后呢？”

“然后她把所有和我的联系方式都删除了，因为她男朋友在翻查她的上网记录。”

乔思林停顿了一下，狠狠地抽了一口大麻烟，然后将音乐的音量开大了一点。凯伦开始感到厌烦了，大麻烟呛鼻的烟雾、让人萎靡不振的雷鬼乐以及他瘫倒在沙发上嘴巴大开、眼睛血红的颓废样子都让她生厌。她很想起身走人，但是又狠不下心。在他面前，她就像是一只被麻醉的蝴蝶，随时准备被他做成标本。他可以让她做任何他想要做的事情。就像她被喂了迷魂药GHB[56]。

乔思林打断了她的思绪。

【56】GHB：伽马-羟基丁酸，又被称为“迷奸药”，它可以使人神经兴奋并且进入麻痹状态，而且服了这个药的人醒来之后会完全不记得自己做过什么。

“那你呢？”

“我有点渴，能给我点喝的吗？”

“冰箱里应该还有一点果汁。”

凯伦向冰箱走去。她察觉到了他尾随而来，她知道他要干什么并且遂了他的愿。

10分钟过去了，他们换了个新的避孕套……又将地点换到了沙发，两具躯体紧紧地纠缠在一起。凯伦觉得自己高潮了。乔思林是可以确定的，他四肢摊在地上，就像一只腹部被人搔痒的狗。

“我真是精疲力尽了。”乔思林勉强抬了抬头。

“我也是，我都快虚脱了。”

“好吧，亲爱的小姐，我得睡觉了。”

“我可以留下吗？”

“你自便吧。”

乔思林回到了卧室，躺在床上，头侧向床头柜的方向。凯伦睡在他身边。她知道他已经闭上了双眼，并且只想一个人安静地睡在一侧。但是感受他的气息，将头靠在他胸口的欲望却是那么的强烈。

她克制着，忍了一段时间，但终于还是爆发了：她伸手去抚摸他的脸膛。乔思林推开了她的手，用很难听的口气跟她说：

“难道你睡觉的时候，喜欢别人这样对你？你把我吵醒了！”

还没等她回答，乔思林又睡着了。凯伦该走了。但是她留了下了，听着他的鼾声，睁眼望着天花板，整夜无眠。

第二天一早，凯伦感觉乔思林要出门了，并且很匆忙。和乔思林一样，她很快穿好了衣服和他一起出门。在街上，她问他最近的公共自行车租车点在哪。他给她指了指街道的尽头。她借了辆自行车，骑了50多米后停了下来并且给他发了条短信：

事实上，今天早上莉亚已经向你道过早安了。

后会无期。

猎色女战士

那些线上约会网站促生了爱情消费主义。但是爱情消费主义并不仅仅发生在线上。

11点，地铁9号线。让靠在地铁门上，他被一个正在看书的漂亮女乘客吸引了。那个女孩子也仿佛在对他暗送秋波。但是不确定。很快他就确定了，有那么一瞬间，他们的目光如火光电石般交汇了，只是很快这个漂亮的棕发女孩又埋头继续看书了。快要到站的时候，让鼓起勇气又投去一瞥。这次再明白不过了，这个女孩子目不转睛地回看了他。她朝他微笑着，并且马上站起来朝他走来：

“请问……我可以把这个给你吗？”

这个陌生的美女递给了让一张卡片，并且在Bonne-Nouvelle（好消息）站下了车。车门重新关上了，让愣在了原地。有些一直看着这一幕的乘客不停地打量着他。是羡慕？还是猜疑？让把卡片收好放入了口袋，等出了地铁再仔细地看。

上面只有一个用潦草的圆体字写的名字——吕蒂文，以及一个手机号码。让不禁兴奋了，他马上给他的朋友史蒂芬打了个电话：

“刚刚我身上发生了一件不可思议的事情！一个美女在地铁上把她的手机号塞给了我！”

“这么直接？什么话也没跟你说？”

“是的！她在看书，然后我盯着她看。下车的时候，她把她的手机号码塞给了我。”

“等等！她不会丑得像凤姐吧？”

“胡说！她绝对称得上是一等一的美女！我倒是觉得有点像天上掉馅饼。”

“那你打给她，不就知道是馅饼还是陷阱了吗。而且你也不会有什么损失啊？”

16点，让拨打了这个号码：

“喂，你好，我叫让。呃……我们今天地铁上碰过面。”

“啊，是你呀！呃……我还在想是谁给我打电话呢。你今晚有空吗？”

“有啊。”

“你住哪？”

“火车东站旁边”。

“把你的地址发短信给我吧，我20点到你那里去。一会儿见。”

“这女人可真猛，”让边挂电话边说，“我们甚至都还没有说上话。”他抓紧时间收拾了下屋子并且下楼买了瓶上好的夏布利白葡萄酒。

20点10分，吕蒂文上门了。他接过了她的大衣。她还是像在车厢里看到的那样美丽：棕色的头发绾了一个精巧的髻、光洁的皮肤以及曼妙的身材。

“想要来杯白葡萄酒吗？”

“谢谢，不用了。我赶时间。你已经热身了吗？”

她一把抓住了他的衬衫，将其扑倒。

20分钟过去了，当两人还躺在床上的时候，让试图找些话题聊聊：

“你真是个不可思议的女孩子，真的！”

“你为什么这么说？”

“你是不是经常在地铁上给陌生的男人塞电话号码？”

“那不一定，这个要看感觉。”

吕蒂文还有20分钟的时间：她必须去火车东站接她表妹。她重新扑倒了让，两人又云雨一番后，她起身穿衣服走人。

让关上了门，有点溃败的感觉。吕蒂文呆了连一小时都不到。白葡萄酒放在那边未开，两只高脚杯也是原封不动……

他点了支烟，想到了一部电影《做爱后，动物感伤》（Post coîtum，animal triste，法国电影，导演布里吉特·罗安1997年的作品），感觉自己刚才就像是一张被消费的床品。

家庭营业场

配有柔软舒适的沙发床的会议室、书架、绿色植物盆栽、咖啡机、小吧台，甚至吊床，这一切使得我们的办公场所越来越有家的温馨。而与此同时，我们的家却越来越像那些专门的营业场所。

欢迎来弗雷德家，今天下午他要在家招待他的朋友泰欧。

“你好啊，老朋友！见到你太高兴了！”弗雷德开门将老友迎进门。

泰欧激动万分，今天对于他是双重惊喜，第一是能够与弗雷德重聚，第二是世界杯四分之一决赛德国对阿根廷的比赛将在一刻钟之后开始。而他正是阿根廷球星马拉多纳的忠实球迷。

“要不我们还是照旧去黑炭酒吧喝一扎新鲜的生啤吧，在比赛开始前先热络一下气氛？”泰欧提议说。

“不用去那里，我这边什么都有。”弗雷德边说边向他装修精致的美式厨房走去。

在厨台上，他开动了他买的领豪牌专业榨啤酒机（Russel Hobbs PRO）。通过一根和6升的酒桶连接的导管，口味纯正的莱福啤酒（Leffe）缓缓流出。弗雷德调整了一下流量，然后给泰欧上了一杯泛着一圈美丽泡沫的生啤。

“啊哈，真好喝啊！而且真的很新鲜！”

“我把温度调到了8度。这个是喝金纯啤酒的理想温度。”

弗雷德在茶几上摆了樱桃番茄和切好片的serrano火腿作为小吃，

这个火腿片是用他特别买的半专业的切片机切出来的。

“你和我一样，都喜欢吃火腿。”

“是啊，我还专门买了一台很好的切片机。它切片的厚度是可以调节的，这样切出来的火腿片才厚薄适中啊。”

吃完小吃，泰欧在客厅里走走消化消化。

“我们是不是该准备下出门了啊。你知道哪里有比较好的酒吧，可以用大屏幕直播比赛？”泰欧问道。

“别急！我家的设备比大屏幕好得多了！”

弗雷德拿出了一个遥控器，打开了背投投影仪，法国电视一台TF1的画面就直接出现在了面前的白墙上。

“真高级！而且声音效果也很棒！”

“这个声音连接了音响。”（弗雷德坐到了沙发上，并且示意泰欧也坐下来。）你看，我们这样是不是挺好的？”

这个画面效果实在是太逼真了。这两人感觉就像坐在场边的教练席上看球，并且马拉多纳就坐在旁边。

“噢，有没有搞错！梅西简直太没有用了。”

“是啊，他大概上个赛季在巴萨队踢球踢傻了。”

德国队越战越猛。上半场踢完时，德国队已经2：0领先了。但是泰欧还抱着一丝希望，他唱起了加油歌：

“哦雷，哦雷，哦雷，哦雷，迪耶戈，马拉多纳，马拉多纳。”

弗雷德对此没有反应，他在美式厨房的吧台后面，正忙着检查他面包机的搅拌叶片是否已经按下去了。

“你在那干什么呀？”泰欧问他。

“我正在给我的面包机设定程序，这样的话明天早上我们就有新鲜的蜂蜜橘子面包当早饭了。”

“你连面包也是自己做的？”

“是的，我觉得很好。至少，你可以掌握里面所放的成分。”

下半场开始了，德国战车将马拉多纳的队伍击得溃不成军。由于屏幕实在是太大了，泰欧感觉克洛泽就像是在他身边起脚抽射。他中间激动得跳起来了一次、两次。德国队踢成了4：0。形势很严峻。泰欧和弗雷德喝完了他们的第四杯啤酒。终场哨子响了。阿根廷队被淘汰。

“叮”，泰欧收到一条短信。

“一定是詹斯，我柏林的哥们，他一定是过来嘲笑我的……噢，不是吧！娘的！居然是就业指导网的短信。”

到昨天下午16点为止，你还未激活你的账户。请在7月12日之前通过就业指导网Pole-emploi.fr网站激活或者回复3949激活（免费或者最多收取0.11欧元）。你可以通过Pole-emploi.fr网站退订手机短信。

泰欧一下子站了起来：

“我得去激活一下我的账户，不然他们就会把我的账户注销了。你的电脑在哪儿呀？借我用用！”

“在我卧室里。”

“好的，谢谢，我就上一下线激活一下，接下去就没问题了。”

弗雷德把他哥们带到电脑前。泰欧坐到了一张舒适的大板椅内——高档真皮、背部按摩垫、腰枕以及高级的扶手。

“坐在这张椅子上真舒服！”

“也就一般般！”

书桌不大，上面还放了激光打印机、卤素台灯等等，更显拥挤。

泰欧发了邮件并且登录了就业指导网。

“你的电脑太棒了！是你工作用的笔记本电脑吗？”

“你开玩笑！公司给我配了台基本配置的东芝笔记本，很不好用。我这台是惠普专业笔记本，型号HP ProBook 4710S。我在家里工作的时候就用这台。至少在家里的时候，我不会每工作两分钟就分神。”

就是这样，我们不仅在工作场所工作，而且还把工作带到了家里。

使用推特的家长

2000年8月18日，本杰明诞生在了这个小小的企业内——他的家庭，此时这个企业还没有经历任何的危机。这个企业内有三个全职员工：艾玛纽——34岁、帕斯卡——35岁以及凡妮莎——4岁。

一直到他两岁之前，艾玛纽和帕斯卡对他们的本杰明从来没有做过多的要求。他跟着妈妈在电视上学了几堂莫扎特的音乐课并且任凭爸爸哼着“心肝宝贝”哄他入睡。随后他通过了他幼年时期的表现考察。在书写方面，他表现满分，因为他正确地掌握了“执笔工具[57]”。尽管他在掌握“弹跳参照物[58]”方面的能力让人有些担忧，但是通过爸爸在花园进行的几堂特殊培训课程，他最终获得了这项能力。总而言之，到目前为止，本杰明一切顺利，就像在客厅木地板上拍“弹跳参照物”一样简单自然。

但是今年，他十岁了，要升小学六年级了。不能再放任不管了。今晚，艾玛纽破例很早就从公司下了班，她要和帕斯卡汇合，去参加开学家长会。

在地铁上，她用黑莓手机编了一条推特：

艾玛纽·杜顾

今天是本杰明六年级的开学家长会。

【57】法国国家教育部对钢笔的正式称呼

【58】法国国家教育部对球的正式称呼。

明天是凡妮莎的初三家长会。

10月2日　收藏　转推　回复

经过一番简短的欢迎致辞之后，小学校长把讲话的权利让给了教学小组。本杰明的班主任强调了小学毕业考的重要性，并且解释了教学小组内部协调会议是如何运行的。艾玛纽高声地打断了她的发言：

“我们到时候会有这些会议的纪要吗？”

“您的意思是？”班主任显然没有料到她的提问。

“我希望到时候您能给我们一份会议纪要，以便我们能够了解情况。”

“呃……但是事实上这个是教师内部会议……”

“您的意思是家长其实是无关的？我还一直以为家长也是教育团队的一部分呢。可能是我理解有误吧。”

“不，不，您的理解是正确的。好吧，到时候我会将详情告诉你们。”

艾玛纽认为她是有权利知道课程的内容的。就像每年她都会下载并且消化国家教育部发布的教学大纲，这样一旦学校没有遵守教学大纲，她就能及时地进行抗议。感觉有点恼火，艾玛纽当即编辑了一条推特：

艾玛纽·杜顾

正在参加小学六年级的开学家长会，学校应该给每个家长发一份会议纪要，尤其是那些没能到场的家长。@奥萝尔　开学就不顺！

10月2日　收藏　转推　回复

她的朋友奥萝尔——卢卡的妈妈，正坐在她身后的二排。她收到了这条推特，因为她关注了艾玛纽。她趁某个父亲在提出关于进入机房操作的问题时，偷偷地阅读了这条推特。

当那位父亲获得了答案之后，艾玛纽又迫不及待地进行了提问：

“关于教学计划，你还没有讲到除法。我想知道你们大概什么时候会安排这个教学？”

“根据我的教学计划，除法将安排在12月份。”老师回答道。

“啊！好的，因为五年级下学期的时候，这个已经列在教学计划中了，但实际上只是粗略地教了一下。难道你们教了九九除法表就算教完除法了？”

“不是的，不是的，这个问题我们到时候会处理的。还有其他问题吗？”

一位西装笔挺的父亲接着提问：

“是的，我想知道一下你们对外语教学有什么具体的安排？”

“这个问题提得好。但是目前我还没有教学外语的资格。”

“这样啊，那你们找到其他人选了？”奥萝尔用干巴巴的语气反问。

“目前还没有，我们无法向你们保证。”

某些家长，包括艾玛纽和奥萝尔在内，用无可奈何的表情互相看了一下。

艾玛纽立即用谷歌搜索了“英语六年级”。她很快发现了一条FCPE[59]的链接，这条链接解释说94%的六年级学生都学习了一门外语。难道本杰明和卢卡要成为那剩下的6%？她马上用推特分享了这条链接。

【59】FCPE：公立学校学生家长顾问联合会。

艾玛纽·杜顾

94%的六年级学生都学习了一门外语。@奥萝尔 但是我们的孩子没有！http：//www.fcpe.asso.fr/ewb_pages/elementaire_apprentissage#Anglais CM2

10月2日 收藏 转推 回复

在关注她的53名推特用户中，有不少是像她一样加入FCPE的学生家长。有些家长经常上网，因此对最新的教学动态都消息灵通。三分钟后，她收到了两条关于六年级英语教学的推特。

Fcpe Paris 16【60】

转推@艾玛纽·杜顾 关于六年级教学的指导经验 教学范例 http：//www.10bauches.com/L-anglais-en-CM2_a658.html

10月2日 收藏 转推 回复

爱丽丝·杜米埃

转推@艾玛纽·杜顾：六年级英语多媒体教学资源。《大家一起学英语》 http：//ww2.ac-poitiers.fr/ial6-pedagogie/spip.php?article52

10月2日 收藏 转推 回复

她点开了这条链接，她发现了一个介绍《大家一起学英语》的文件，这是一个在全欧洲都比较有名的小学英语兴趣教学软件。要是本杰明能够用上这套软件应该不错。

在会议厅内，家长提出了各种各样的问题："小孩子有权利拥有

【60】FCPE在推特上的账号。

手机吗？”“你们是否安排了游学参观？”“露天赈济游艺会安排在什么时候？”但是此时艾玛纽紧盯着她的手机屏幕，还是被英语这个话题困扰着。

她举起了手：

“请问，尽管您说您没有资格进行英语教学，但是您不觉得您可以教授一些最基本的知识吗？因为好像有几款很棒的软件，用这些软件就可以用很简单的方法进行英语教学。”

“不好意思，这不是方法的问题，而是资格的问题。”

帕斯卡转向艾玛纽，贴着她的耳朵小声说：

“你还打算问她很多这样的问题吗？”

“你别多管！她今天在这里不就是为了回答问题吗？这是她的工作！”

“好吧，但是你非要用这种口气提问吗？”

“听着，我喜欢怎么提问就怎么提问，而且我今天一定要最大限度地搞清楚我的疑问。我必须确保本杰明得到最好的教育。”

“但是你也要看情况啊……”

“情况就是本杰明现在的情况不好。居然有六年级不教英语的。难道让我们自己想办法给他上补习班吗！”

班主任适时地打断了两夫妻之间的争吵。

“我想我们今天的家长会到此为止吧，因为该解答的我们都已经解答了。我知道当中的一些家长还有疑问。如果你们有问题，可以马上和教学顾问联系。”

帕斯卡很乐于见到家长会结束，他起身说：

“我们走吧？”

"等等，我还有两三个问题要问下老师。"

"但你看，你前面已经排了三个家长了！"

在排队的时候，艾玛纽伸长了耳朵听老师和现在这位家长的对话。

"我想告诉你我的女儿克洛伊在圣诞假期之前会缺课四天，因为我们必须搭乘飞机去留尼旺岛。"

"正常情况下，你应该向教务处提出申请。"

"是吗？那手续是怎样的？"

"破个例吧，这次手续就算了。"

"你能提前把家庭作业告诉我吗？"

艾玛纽等得有些不耐烦了，她查看她的推特是否有人关注。但是对于她的最后一条推特，没有新的人给出回复。已经和老师谈过话的奥萝尔过来找她：

"我已经用PDF的说明书向老师介绍过了《大家一起学英语》这套软件了，"她在她耳边小声地说，"但是她告诉我说今年她没有相关的教学资源来推行这套软件。"

艾玛纽朝天翻了个白眼。

"不管怎么说，英语教学这件事让我对本杰明升初中非常担心，我想给他报重点中学纽斯特中学的双语班，但是现在这样我就怕到时候他的程度跟不上。"

总算轮到艾玛纽了。她走近班主任：

"你好。不，应该是再次问好了。我想知道本杰明的表现评估。"

班主任拿出了一份联系卡。上面有一个色彩鲜明的饼状图，是本杰明各项能力的分布。

“本杰明的总体表现是好，但实际上他可以做得更好。他有时有点不专心。”

“他上次跟我说您罚他抄了两百行字。请问这是为什么？”

“我罚本杰明是因为他在地理课上捣乱。他不仅打扰了班上了的一名同学听课，还向他大声地骂粗话。”

“粗话？他不太会做这种事啊。在家里，本杰明从来不讲粗话。”

“但是在学校他确实讲了，而且尤其是最近这段时间内，本杰明越来越不遵守纪律了。”

班主任打算结束对话了，但是艾玛纽拉着她的手不放：

“那内森呢？我觉得他拖了全班的后腿。”

“内森确实有多动症。但是所有的班级里都有这样的学生。而且像我们这样的公立学校是对所有人开放的。”

“是的，我完全同意你说的。但是问题是这个小孩拖了整个班级的后腿，并且不太容易看管。”

“那您想让我怎样做？把他开除了？小学阶段要学的其中一个最基本的技能，就是学会‘集体生活’。”

艾玛纽被上了一堂公民责任心的课程。离开家长会的时候，她还是忧心忡忡。而她的老公则有点被她的行为惹怒了。

“说实话，我觉得你今天这样对老师有点出格了。感觉你对她抱着敌对的态度。”

“怎么不说是你在她面前没了胆气呢？我所希望的不过是本杰明升入初中后能够成绩拔尖。”

在车上的时候，艾玛纽一言不发，手指却在黑莓手机上不停地敲打。

艾玛纽·杜顾

怪不得法国人的英语这么差了，看看六年级的教学就知道了。

10月2日　收藏　转推　回复

你是不是看不惯艾玛纽的行为？我们也看不惯。但事实上我们身边像艾玛纽这样的人却越来越多，因为越来越多的人倾向于将自己作为顾客。不仅仅是国家教育部，还有其他。

我们对学校的期待就像我们对网络运营服务商的期待：量身定制的个性化服务。而且可以像推特那样具有无限制的选择。

你妈也在脸书上

凡妮莎说：

“我一定是产生幻觉了！！！！！我老妈申请加我好友。“^^。”

詹妮弗说：

“呵呵呵:-)))”

詹妮弗说：

“我很早之前就把我妈加为好友了。哈哈！”

凡妮莎说：

“这难道不是件痛苦的事？她可以把你的生活管得死死的！呵呵:）”

詹妮弗说：

“别为我担心，我老妈不烦人。”

詹妮弗说：

“她在跟不在没什么区别。”

詹妮弗说：

……

詹妮弗说：

“你不会发条拒绝她的消息吧！！！　哈哈！！”

凡妮莎说：

“说实话我不知道。呵呵！”

凡妮莎说：

“而且能偶尔跟她聊聊天还好，但是我真没想过把我妈当朋友。”

十分钟后，凡妮莎的妈妈艾玛纽在她的黑莓手机中收到了一封邮件通知。星期六早上，她上完水中健身课出来时顺手打开了这封邮件。

艾玛纽：

你好！

凡妮莎已经将你加为脸书好友！

如果您想查看她的个人信息或者在她的主页留言，请点开以下链接：

http：//www.facebook.com/n/?profile.php&id=548446043

谢谢！

脸书小组

艾玛纽点开了链接，在南特市立游泳馆的换衣间内浏览了她女儿的网络账户。首先让她吃惊的是她的朋友数量：378人！这些人是哪里冒出来的？在家里她经常见到的也就总是两张面孔：詹妮弗和茱莉亚。凡妮莎大概是把整个学校的同学都加了好友……现在她也成了自己31个好友当中的一个了。

出了游泳馆，艾玛纽找了个咖啡馆坐下来，安静地浏览她女儿的主页。她被女儿空间上的照片给逗乐了。“我女儿长得真漂亮啊！”她不无自豪地自语。接下去的相册叫做《Big love》，她不是很感兴趣。她知道她女儿有个小男朋友叫安东尼，而且还匆匆见过一回。

但是在相册里，她可以看到他们两个穿着各种衣服的照片。有他们穿着黑白礼服的照片，以及在夜店穿着劲爆的照片，这些夜店照中凡妮莎穿着黑色的皮衣，和男友颈首交缠紧紧地抱在一起。一群朋友对着他们的照片起哄：

詹妮弗·乌东内提 太亲热了！！！你们两个太配了，希望你们一直在一起！

今天 16：01 **喜欢**

朱利安·本多 你们两个好配！！

今天 16：09 **喜欢**

艾蕾亚·冈萨雷斯 你们两个真是一对壁人啊！

今天 17：31 **喜欢**

艾玛纽觉得这些评论有些过头了。但是她看了下她女儿更新的状态，看来确实和这个小男朋友如胶似漆。

凡妮莎·杜顾 要等到周二才能见到她的王子:(

11月28日 21：02 **喜欢** **评论**

米尔珠·纽安 喜欢这一条。

安东尼·杰曼 我到周二之前得一直忍受对你的相思之苦，真难受啊:(

11月28日 21：03 **喜欢**

凡妮莎·杜顾 我也会一直想着你的，宝贝。

1月28日 21：04 **喜欢**

安东尼·杰曼 我的公主

11月28日 21：04 **喜欢**

凡妮莎·杜顾 我的宝贝

11月28日 21：09 **喜欢**

安东尼·杰曼

11月28日　21：09　**喜欢**

他们看上去确实如胶似漆不可分离……甚至有点过了。在艾玛纽看来，她女儿在这个年纪时不应该就这么早地把自己蜷曲在一个小圈子内，而是应该广交朋友，多去见见世面。14岁的时候艾玛纽也有了自己的小恋人，但是不会黏乎到这种程度。

第二天是周日下午，艾玛纽家是一幅典型的摩登家庭场景：爸爸在看体育频道Stade2；妈妈在读她黑莓手机上的邮件；凡妮莎躲在自己的房间里和朋友网上聊天；10岁的小儿子本杰明在玩Wii游戏。

艾玛纽在黑莓上订阅了脸书邮件。这样她就可以在邮件上收到凡妮莎主页更新的最新状态，当她读到下面这条更新时，她停住了：

艾蕾亚·冈萨雷斯　你知道我们跟莱莉亚是开玩笑的吧？？:D 你不会当真吧，小V？

10月3日　19：25　**喜欢**　**评论**　查看友情链接

凡妮莎·杜顾　喜欢这一条。

凡妮莎·杜顾　艾蕾亚，我当然知道你在开玩笑了。哈哈。我很高兴能和你一起上英语课。你还在为英语考试烦恼？

10月3日　22：08　**喜欢**

艾蕾亚·冈萨雷斯　我也喜欢和你一起上课。考试真烦人啊！！！　:O

10月3日　22：12　**喜欢**

凡妮莎·杜顾　哎呀呀，希望能够顺利通过

10月3日　22：17　**喜欢**

米尔珠·纽安 哈哈！幸亏你没有当真。但是艾蕾亚，你怎么能把你的性爱糗事拿出来给大家知道呢，真是XD！ 我至今忘不了凡妮莎的脸，当你说“停下来，不然老子就把你……再把你……的时候，可怜的茉莉亚！哈哈哈！

10月3日 22：17 **喜欢**

艾玛纽完全没有看懂这一条，并且她的注意力卡在了“性爱糗事”这个词上。她不知道对此应该作何感想。首先要对14岁的女儿谈关于避孕药和避孕措施等事情，对她来说就是一件很难开口的事。

这时，帕斯卡来茶几上找车钥匙。

“你来得正好，我要给你看样东西。”

帕斯卡走过来，把头搁在艾玛纽的肩膀上看电脑屏幕：

“你在上脸书？”

“是的，看看这些评论，然后告诉我你的想法。”

“但是这不是凡妮莎的账户吗？你难道在监视她？”

“不是的。我加了她为朋友。”

“乎！你还是给她留点空间吧，不要看得那么紧。”

“这么快就用大话来压我！”

“你十来岁的时候也不希望大人来看你的私人日记吧。”

“听着，不要再说大话了，读一下这些评论，说实话我真的有点担心我们的女儿。”

“我不会看的，不想知道。这是她自己的生活，这话题到此为止。”

帕斯卡拿着钥匙走了。在凡妮莎的主页上有新的更新，她放上了艾蕾亚派对的照片。艾玛纽点开了这些照片。在第四张照片上，凡妮莎坐在詹妮弗和男朋友安东尼中间，右手上夹着一支大麻烟卷。艾玛纽的火一下子上来了，她冲到了凡妮莎的房间：

“你有事吗？”她女儿问她。

“你现在居然抽上大麻烟卷了？”

“你在胡说什么啊，妈妈？”

艾玛纽给她看了她黑莓手机中的照片。

“不要告诉我这个人不是你？你手中拿的不是大麻烟卷吗？”

“妈，没错，这就是个大麻烟卷，但是我没抽，这是高年级的奥黛丽的。”

“凡妮莎，知女莫若母，我还不了解你吗？你有没有说谎我一眼就可以看穿了。你什么时候抽上的？你还有没有沾染其他东西？”

“妈，你为什么不相信我呢？如果我告诉你我没有做，你就应该相信我。”

“还有下周六你就呆在家里，哪儿都不许去！”

“妈妈，你不能这样做。我不可以错过杰西卡15岁的生日。而且爸爸已经答应开车送我过去了。”

“那是这件事发生之前。那之前是没有问题。另外我警告你，这件事情我们不会就这么轻易放过的！“

帕斯卡过来了：

“干吗这么大呼小叫的！谁惹你了？发生了什么事？”

“什么事？你女儿在嗑药！我在她的脸书上找到了证据。”

“是吗？赶紧让我看看……”

自从发生这件事情之后，凡妮莎又新建了一个账号：Miss Vaness。从此凡妮莎在脸书上就有了两个账号：

凡妮莎·杜顾，良家少女凡妮莎的账号，这个账号里她笑容纯净，是穿着碎花裙子的邻家女孩，也是与妈妈、姨母、奶奶等长辈以及那些年纪较长的朋友联系的专用账号。

Miss Vaness——凡妮莎的B面。紧身黑皮衣、嘴里叼着烟卷、和男朋友勾肩搭背招摇过市。这个版本的凡妮莎更加颓废，但也更加真实……

开心农场

艾赛拉·吕薇儿 Axelle's Black poney is all grown up!

今天 19：16 **喜欢** **评论**

这是艾赛拉在脸书上的最新状态。把这句话翻译一下就是“艾赛拉的小黑马长大了”……

你以为艾赛拉在说疯话？不是的，绝对不是的！艾赛拉既没有发疯，也没有更改她的职业。29岁的她精神正常并且一直在IBaiME公司担任项目主管。她只不过是全世界6500万开心农场用户中的一员，每天都在这个脸书的在线游戏上辛勤经营自己的农场，就像当初风靡全球的电子宠物鸡游戏一样。

艾赛拉是在一个很偶然的机会玩上农场的。那天下午她在办公室填完工时表（Time sheet[61]），给自己放松休息一下。在雅虎邮箱内，堂妹夏洛特发来了一个邀请，请她一起玩农场游戏。又来了！已经是这个月的第三封了。所有的人都收到了这样的邮件。在脸书上，甚至成立了一个专门反对这个的小组：

又是一封开心农场的邀请信，我要烧了你的农场并且把你的奶牛都杀光。

817人喜欢这一条

【61】工时表：用于统计分析员工在各项工作任务所花费的时间。

艾赛拉还没有极端到这一步。不过这个邀请是来自她堂兄妹中最严肃的一个……这不禁让她有几分好奇。而且夏洛特刚好在线，正好趁这个机会嘲笑一下她。

艾赛拉说：

堂妹你好！你现在也变成电脑游戏宅女了吗？

夏洛特说：

这个跟电脑游戏一点关系也没有！这是一个很简单的农场。就连你都可以很快上手的！哈哈！

艾赛拉说：

哈哈哈！这倒让我很吃惊。我最不擅长玩电脑游戏;(((

夏洛特说：

我也是啊，你以为我是高手？来，我把链接发给你。你看看就知道了。

抱着“就看看是怎么回事”的心态，艾赛拉在脸书上下载了这项应用，然后她置身于一个不知在何处的农场，农场上有一个睁着大眼睛的卡通小人、一小块地和一只小绵羊。点击、点击，她翻了她的那小块地，并且种下了第一批草莓种子。OK，懂了。接下来艾赛拉必须从马克森那边拿到他10月份的出勤情况，以便将其归入她的项目中。

两个小时后，她重新登录了农场。她的农田上已经铺满了茂盛心形叶子，这份绿意仿佛都洋溢到了向来是不毛之地的办公室。马上就可以收获果实了。

艾赛拉重新回到了她工时表的工作中，并且对计划的规划时间重新进行了计算。她不断提醒自己集中注意力。接下来是休息时间，无糖可乐/神奇的农场。在颜色鲜艳的卡通背景中，草莓果实的颜色是那么的鲜红欲滴，让她想起了自己冰箱门上的磁性贴。点击、点击，第一次收获完成。她获得了她的第一份农场金币（游戏币）以及XP点数（经验值）！在收获了茄子之后，艾赛拉的等级达到了五级。“祝贺您！”游戏向她发来祝贺。真有意思，还可以不断晋级。

晚上躺在沙发床上，艾赛拉登录了农场去看她刚刚冒头的茄子。太好了，她收获了茄子。之后她又重新种了一批，并且重新购买了种子。

之后的一周，艾赛拉天天在玩农场游戏。她要用她种的茄子来换取甜瓜的种子——嘭！——她的屏幕中间出现了一份告示：

夏洛特·吕薇儿送给你一份神秘的礼物。

艾赛拉打开了礼盒，然后一头漂亮的小马安静地出现在了她红莓地旁。堂妹真是客气，艾赛拉给她写了个信息：

艾赛拉说：

堂妹，谢谢你。但是这小马我怎么处理呢？

夏洛特说：

你看吧，我就说这个游戏你会很快上手的！哈哈哈！-))))

艾赛拉说：

是啊，你说对了。但是我的小马它不会逃走吧？

夏洛特说：

别紧张，它不会逃的！你可以盖一个马厩。但是建马厩必须有邻居帮忙。

艾赛拉开始行动起来，她给她所有的脸书联系人都发了加入农场游戏的邀请，并且添加了农场论坛www.farmville.forumactif.net上的陌生人为农场好友。

嗨，我叫艾赛拉·吕薇儿（你可以用这个名字在脸书上搜索到我），我正在找一些善良的农场邻居！请加我为好友；-)

有人将她加为了好友。这样艾赛拉总共收获了25位邻居。

然后她在她的农场告示板上向这些新邻居发送了建马厩的告示：

艾赛拉·吕薇儿　我需要钉子和砖头，请帮帮我！！！

今天　20：04　**喜欢**　**评论**

某个叫帕梅拉的邻居马上给她送来钉子。另外一个叫佩佩的邻居给她送来了砖头。一步步点击，艾赛拉将砖头、木板和钉子组装起来。她的马厩完工了，她给帕梅拉和佩佩发去了感谢信："姐妹们，东西都收到了，实在是太感激了。"

帕梅拉是一个27岁的墨西哥女孩，正在读社会学博士。佩佩是个34岁的法国女人，是药剂师，目前正在修产假。在农场朋友之间，没有勾心斗角也没有蜚短流长。只有互相之间的帮助、建议和礼物。这是一个坚固的友谊小团体。

帕梅拉的猪在你的农场上发现了黑色松露！

帕梅拉·加西亚将它留给了你并且想知道你是否愿意与之分享。

3月14日　20：54　**喜欢　评论**

一个月过去了，艾赛拉还是在农场上乐此不疲。每天晚上她都会和帕梅拉、佩佩以及其他人讨论例如广玉兰树、篱笆以及猪等问题……她种的小红莓已经越来越多，她的面包房建造业正在进行当中。帕梅拉紧紧地关注着她的进度：

帕梅拉说：

喔！你种小红莓的进度好快啊。它们看上去真诱人:)))

艾赛拉说：

谢谢，亲爱的农友！你新养的羊驼也非常的可爱！

来自邻居帕梅拉的恭维总是让她很受用！但是称赞来得最殷勤的，还是游戏本身。每当艾赛拉升级时，游戏会“祝贺你！”；每当她收到神秘的礼物时，游戏会“祝贺你！”；每当她给邻居的地施肥的时候，游戏还是会“祝贺你！”在游戏中获得的认同感，是艾赛拉玩这个游戏的动力。

某天晚上，佩佩造访了她的农场。这是开心农场的惯例。

佩佩访问了你的农场并且给你留下了一个洒水壶！

佩佩帮你给农场浇了水并且留给你一个礼物。希望你会喜欢这个礼物！

艾赛拉正好趁此机会邀约她：

艾赛拉说：

喂，佩佩！要不要来我的农场喝杯咖啡？

佩佩说：

我来了，呵呵！我们就像过家家的小女孩啊！

艾赛拉说：

是啊，真正的小女孩，但是谁规定这个年纪就不能玩过家家了。哈哈！而且，我们又没有恶心到别人。

佩佩说：

就是啊！不过不管怎么说，我是真的迷上这个游戏了！嘿嘿！哈哈哈！

艾赛拉又何尝不是呢……不管在家里还是在办公室，她在农场上所花的时间越来越多。就像这个下午，由于昨天晚上在农场忙到了凌晨三点，眼前MS Project软件【62】中的资源调配表格让她头昏脑胀。她不停地在MS Project和农场之间切换。只有种小红莓时才能让她打起精神。但是这时她的人事经理格里高利突然出现在走廊上，他是为了内部资源调配会议来找她的：

“艾赛拉，你还不来参加会议？”

她马上把电脑从农场切换到了MS Project。

“呃……我马上来、马上来。你们先开始吧。我还有一个东西没完成。”

【62】MS Project是一个享有盛誉的通用项目管理工具软件，适合各个行业的项目管理。它不仅能够快速、准确地建立项目计划，还可以帮助项目经理实现进度控制、成本分析、预测、控制等功能。

这个没完成的东西，就是她的小红莓田……会议结束后，艾赛拉留在了办公室。现在已经是晚上九点了，此时的公司里静寂得像沙漠并且天色开始暗下来[63]。她打开了她的小灯，并且在自己的农场上种下了西红柿，同时她还帮忙赶走了帕梅拉农场上的乌鸦。点击、点击、点击。一轮轮下来，她今天在农场所花的时间已经累计达到了3小时……iPhone的闹钟响了。晚上九点整！“糟了，我居然忘了！”艾赛拉一边苦叹一边整理东西。忘了什么呢？她在现实生活中约了朋友艾米丽、苏珊娜和凯伦一起去喝小酒。艾赛拉跳上一辆出租车向着哈瓦那酒吧匆匆赶去。

在农场没有“关闭”这个键。在她啜饮Mojito酒的时候，她的西红柿还是继续生长着，她的奶牛也还是一直吃着饲料。快到收获的时间了。尽管凯伦正兴高采烈地讲述她和乔思林的故事——一次狠狠的还击，但是艾赛拉此时心里所想的只有她的西红柿。她试图用藏在桌子下面的iPhone偷偷登录农场。但是不成功。酒吧所在的瓦万街3G信号很差。

“你在干吗啊？”凯伦的突然询问吓了她一跳。

“没什么！我只是在回复短信。”

失败了。时间流逝着。西红柿的成熟时间已经过了十分钟。要是艾赛拉让偷菜的马车经过，那么这些西红柿就都会枯萎而死，那么她就得重新购买种子并且重新种植。于是艾赛拉迫不及待地想要脱身：

“好了，姐妹们，我得先走了。我明天上班还得早起呢。”

一出了酒吧，出了好姐妹们的视线，她马上停下了并且在iPhone

【63】巴黎纬度较高，夏天的时候常常要晚上九十点钟天色才开始暗下来。

上加载了农场。点击，一键采摘；再点，再次耕种。好了，总算完成了。

当她回到家的时候，她的男朋友卢铎已经睡下了。这样更好。她可以好好地再花点时间在农场上，顺便看看怎样才能让收益最大化。在某个玩家的博客上，她看到了这个玩家根据每种作物生长的时间、成本（包括劳力）以及出售的价格做了一份投入产出表。根据这份表格的结果：她应该种芦笋。

艾赛拉已经成为了一个农场资本家，如果在现实中就好比是巴黎盆地最大的甜菜种植商。她已经升到了42级并且拥有了69 765个农场金币，还有一个在运营中的面包房、7头绵羊、3头白色的奶牛、1头粉色的奶牛、1株广玉兰树以及1头山羊。

在农场上，艾赛拉可以事先知道农场发展的不同阶段。并且所有的投资都是有回报保证的。通过农场耕作可以带来劳动的愉悦感和成就感。她所要做的只是对农场进行管理并且投入时间，那么自然而然就可以晋级。这和现实生活中完全相反：如果在现实生活中艾赛拉说“别担心，我会处理好”时，往往是任务出人意料的困难，并且她什么也做不了。

凌晨一点，当艾赛拉刚种下她的芦笋后，她收到了帕梅拉的信息。

帕梅拉说：

你有没有兴趣和我一起参加共同种植红色郁金香的活动？活动的奖品是一头马戏团的大象。

艾赛拉说：

太好了！哈哈！你计算过收获的时间了吗？

帕梅拉说：

我算过了，但是有点小问题，鉴于法国和墨西哥的时差，你得早上六点起来采摘。

艾赛拉说：

没问题，我起得来！！我们一定要获得这个比赛的金牌。

艾赛拉总算到床上和男朋友躺到了一起。她背对着他，缩成一团睡了。4个小时后，她偷偷地钻出被窝，把电脑搬到了厨房。点击、点击、点击。任务完成。帕梅拉也在线。她们互相打了个招呼并且互相祝贺了一下。正是基于这种孜孜不倦的精神，她们获得了一等奖：一头马戏团的大象。

起床闹钟在房间响起。7点15分。吕铎从床头柜上捞起了自己的iPhone。跟平时每天早上一样，他会去查收一下邮件并且看一下关于艾赛拉在脸书农场活动的通知。

艾赛拉·吕薇儿和她的朋友帕梅拉完成了一项农场任务。她们两个人一起一共种了1450朵红色郁金香并且获得了金奖，她们希望和朋友们一起分享她们的奖励。

今天　6：00　**喜欢**　**评论**

艾赛拉·吕薇儿在农场的植物园辛勤劳动！

艾赛拉刚刚在植物园安装了她们所需的最后一个绿色长凳！米雪儿甚至还留了一些部件，她们愿与你分享！

今天 6：20 **喜欢** **评论**

艾赛拉·吕薇儿的农场等级升到了43级！

1小时前 农场发布 **喜欢** **评论**

现在就来玩农场游戏

吕铎起了床并且从客厅门探出头来：

“你的那些西红柿怎么样了？”

“你在说什么呀？”

“我现在在脸书上可以看到的全是关于你农场的消息。而且6点钟起床来玩这个游戏，太可怕了。”

“好了好了！等我不想玩的时候，我会停手的。”

“现在就可以停手了……”

在这里我们用开心农场举例，这是因为这个游戏是最流行的。但事实上类似的游戏还有Zynga公司[64]开发的《边境之城[65]》、《开心水塘[66]》、《珍宝岛[67]》、《咖啡城市[68]》，以及《城市餐厅[69]》、《动物世界》、《疯狂宝藏》等游戏……这些游戏都是免费的，但是他们上百万的玩家（其中绝大部分

【64】Zynga公司是一个美国的社交游戏公司，共有715名雇员，他们是通过从俄罗斯的风投公司Digital Sky Technology 获得的1.8亿美元风险投资基金创立的。

【65】每个月28 926 694名活跃用户。

【66】每个月9 982 176名活跃用户。

【67】每个月13 240 844名活跃用户。

【68】每个月17 064 263名活跃用户。

【69】每个月8 056 490名活跃用户。

是成人[70]）通过游戏也没能获得什么……如果硬说要有，那只能是掌握一切的虚拟快感和升级时收到的那句“祝贺你！”。

【70】在美国，网页游戏玩家的平均年龄为35岁。法国为30岁。

地理定位

想要活得幸福，就要活得低调……但是今时今日我们还能低调地生活吗？

有了 Google 街景这项应用，无论谁都可以把你的家放大来看。根据你的公交月卡、银行卡或者电话，我们可以随时追溯你的行踪。不乐意？那是当然的。但是没有办法，因为所有人、尤其是你的亲朋好友都想知道你在哪里。

今晚娜欧米约了她的女伴娜迪亚到吉奈特酒吧喝一杯。一到那里，她就看到娜迪亚窝在吧台深处，两眼一直盯着 iPhone 手机。

“嘿！在看什么呢，这么聚精会神！”

“我现在正在试图锁定阿佳特的位置呢，她谎称自己在 Boca Chica 酒吧。”

“是吗？还能这样？你能不能给我看看是怎样弄的？”娜欧米迫不及待地把手机递给了她。

但是这时她的电话响了，她看了眼屏幕。是她男朋友尼古拉。她拿回电话接听。

“喂？是啊……那我们等你吧……你在哪？”

“我快到了，快到了！大概还有20分钟。”尼古拉回答道。

“我快到了”是对“你在哪？”的最好回答。这样的话，尼古拉就不用交代其实他还在他朋友吕铎家玩《足球经理FIFA2000》游戏，忙得不可开交。但是娜欧米和娜迪亚也没有兴趣知道。因为她们的注意力完全被脸书的地理定位应用给吸引了。

“你看，你只要进入‘地点’[71]，你就可以马上知道你的朋友们在哪里了。”娜迪亚边解释边将手机屏幕拿给她朋友看。

娜欧米在屏幕上看见娜迪亚11个朋友的最新位置。

夏维尔·布鲁尼

波尔多Merignac机场

12分钟前

茱莉·皮耶提

荣纳桥散步

2小时前

卡利德·布兹迪

利雪市圣·特瑞莎大教堂

16小时前

本杰明·卡斯塔尔多

密特朗国家图书馆

20小时前……

“本杰明在国家图书馆！太阳从西边出来了。”娜欧米叫道。

“是啊。有人的反应跟你一样。”

【71】针对脸书用户的地理定位工具，可以用在装有GPS的手机上。Place（或者地点）可以显示该用户在什么地方、在干什么并且和哪些人在一起。它还可以显示该用户的朋友在哪里。

娜迪亚在本杰明·卡斯塔尔多的名字上点了一下，杰瑞米的评论就出来了：

杰瑞米·马汀：地理定位的问题：你在图书馆看哈利·波特吧。所有人都知道了。

星期天　18：27

本杰明·卡斯塔尔多：哈哈，我也想要自己有点文化……

“这项应用真不错。那我们呢，你也可以在这里对我们进行地理定位吗？”娜欧米问道。

“我想应该可以的。这里是个酒吧，应该有标记的。

在朋友名单的右上方，娜迪亚点了一个“那你在哪儿？”的蓝色按钮。

iPhone上的GPS马上将她们的位置定位了，而“地点”应用则可以提供一连串参照物地址。娜迪亚选择了名单中的第一个：“吉奈特酒吧”并且点击了“我在这里！”

“接下去看看我要做什么？”娜迪亚放低了声音。我要将尼古拉和你跟我定位在一起。

娜迪亚点击了“定位我的朋友”按钮，并且从朋友名单中选择了“娜欧米·缪塞”和“尼古拉·图卢宁”。

“但是尼古拉都还没到呢！”

“没关系，我们可以假设他已经到了。”

娜迪亚抬头冲娜欧米笑了一下，正好看见尼古拉走进酒吧。

“看，况且他人已经到了。”

他也看到了她们，于是朝她们的桌子走来。她们满怀笑意地迎接他的到来。

“发生什么事了，笑得这么开心？”尼古拉边坐下边问。

“快看你的脸书主页，有个小惊喜。”

尼古拉从口袋中拿出他的iPhone，连接上网查看：

娜迪亚·祖怡正在：吉奈特酒吧，和她的朋友娜欧米·缪塞和尼古拉·图卢宁在一起。

1分钟前　**评论**　**喜欢**　定位朋友

“这是搞什么！？你赶快把这个删掉！”

“哦，好的。别急啊！你只要按‘删除’键就可以了。”娜迪亚解释道。

“这个就是个监视器！”尼古拉一边删除一边忿忿不平地说。

娜迪亚一把夺过他的手机，替他删除了这条信息。

“好了，已经删掉了！”

“是删掉了，但是所有的人已经看见了这条信息。”尼古拉嘟囔道。

“所有的人”特指他的朋友艾玛纽，因为他编了个理由告诉他今晚没空去见他……

但是娜欧米已经迷上了这项应用。她把所有的行程都记录下了：周二她和娜迪亚在巴黎一区的博堡星巴克悠闲地喝玛奇朵；周三傍晚，她在巴黎七区的荣军院广场散步；周五中午她在巴黎八区香榭丽舍大道地中海俱乐部的健身房进行仰卧起坐锻炼；今天晚上20点30分她在位于巴黎十六区威尔逊总统大街的现代艺术博物馆看当代顶级摄影师拉里·克拉克（Larry Clark）的展览。这样即使实际上她因为人太多被拒之门外，她也可以向其他人证明她去看展览的意向。

娜欧米·缪塞正在巴黎的现代艺术博物馆

4月30日　周五　20：30

娜欧米·缪塞：唉，没办法进入拉里·克拉克的展览　:(((

30分钟前

Big brother is watching you?（Big brother老大哥一词源自英国作家乔治·奥威尔George Orwell的讽刺小说《一九八四》，big brother老大哥是书中一个极权人物的代称，他无时无刻不在监视着每一个人，现在专门用来指代监视）。监视器时刻都在监视着你？事实上不是这样的，有的时候是我们自己给自己戴上了电子追踪器的脚镣，以便大家互相监督。奥威尔书中所描写的时代已经过去了。在iPhone和脸书的时代，没有老大哥的监视：我们人人都成了相互监督的小哥。

后记

POSTSCRIPT

以前私人晚宴是私密的。如今您的亲戚朋友都成了摄影记者，他们将随时发布您新居乔迁或者生日晚宴上的“狂欢”照。

以前两人晚餐是真正的两人晚餐。如今两人晚餐其实是四人晚餐（您、他/她以及您俩各自的手机）。

以前孩子出生或者周末幽会是很私密的时刻。如今的透明一代都将这些记录在网上，因为这样做很有趣，因为没有什么可以隐藏的，因为所有的人都这样做。

以上种种不胜枚举，我们就此打住。因为您懂的。脸书在全世界有超过6亿的用户，其中法国就有约2000万用户，它已经不仅仅是一个网站了。它已经成为了一种生活方式。来吧，变得透明吧！来吧，变得“有趣”吧！但最重要的是……要时刻在线啊！社交网络、即时通讯、电子邮件、手机短信、在线游戏、地理定位、网上约会：“脸书文化”征服了所有年龄段的人，并且完全颠覆了传统的友情、亲情和爱情关系。这种变化是不知不觉的，并且如同这电子时代一样快得迅雷不及掩耳。

作者亚历山德拉·德·伊纳斯和托马斯·祖伯沿用了他们上一本畅销书的成功方法，他们收集了自己和亲戚朋友的真实的经历，然后用小品的方式将其呈现出来，不仅风趣而且引人深思。

联系我们

本周图书，中国首家“热点”图书公司，无论何种题材，热度第一。
策划：上海本周图书策划与版权中心/执行：郝玮刚（邮箱：futurebook@yeah.net）
本周图书博客：http：//blog.sina.com.cn/benzhoujiema
本周图书装帧设计：红猫工作室（官方博客：http：//blog.sina.com.cn/vivian0755cat）